LES PILIERS DE LA MER

SYLVAIN TESSON

LES PILIERS DE LA MER

ALBIN MICHEL

IL A ÉTÉ TIRÉ DE CET OUVRAGE
*Quarante exemplaires
sur vergé blanc Conqueror Laid
dont trente exemplaires numérotés de 1 à 30
et dix exemplaires, hors commerce, numérotés de I à X*

© Éditions Albin Michel, 2025

*À mon père, Philippe Tesson (1928-2023),
qui avait horreur du vide.*

« Je venais là oublieux de moi-même et en échange de mon néant, j'ai reçu de la poésie. »

Jean Grenier,
Inspirations méditerranéennes.

« Examinons d'abord la question en nous plaçant au point de vue le plus élevé. »

Honoré de Balzac,
Traité des excitants modernes.

Un

L'aiguille en plein cœur

Quand on se prétend aventurier, il est vexant de vivre au XXIe siècle. La surface du globe est cartographiée. À chaque plage son plagiste. Pas une source sans sa mise en bouteille, pas un scarabée sans son département au Muséum. On va au désert de Gobi comme au bassin d'Arcachon. Y a-t-il seulement un être humain sur la Terre qui ne connaisse pas l'existence de La Grande-Motte ?

Des optimistes contrediront : « Il y a un sommet vierge dans les confins afghans. » Rien n'est moins sûr. Parfois, des alpinistes parviennent sur une montagne, persuadés de déflorer le sommet. Un anonyme les y a précédés, laissant son fanion.

L'homme a triomphé de la géographie. Il s'est répandu partout. Depuis la pierre taillée il en a eu le temps ! Conscient que la Terre a rendu ses derniers secrets, le pauvre Terrien de notre siècle tourne son regard vers les étoiles. « Là-haut », murmure-t-il. Il rêve. Un jour, peut-être un astronaute imprimera-t-il son pas sur un sol intouché. En attendant, on fait la queue pour grimper l'Everest.

Non vraiment, je ne suis pas rétrograde, mais il me naît des nostalgies de l'époque où il suffisait de sortir de sa grotte pour s'enfoncer dans l'inconnu. Au paléolithique (supérieur, si possible), bien des problèmes se trouvaient résolus de ne point même exister.

J'en étais là de ces réflexions, accoudé au comptoir de mon âme, quand je tombai sur un exemplaire de poche de *L'Aiguille creuse* de Maurice Leblanc. En couverture, gentiment bariolée dans le genre kitsch de nos enfances aimables des années soixante-dix, l'aiguille d'Étretat. Elle se dressait fièrement dans l'eau joyeuse. Les peintres impressionnistes s'étaient épris d'elle. Arsène Lupin en avait fait son repaire. Le rocher était friable, l'aiguille en passe de s'écrouler. Très peu d'êtres humains en avaient foulé le sommet. Il était plus facile de la peindre. Tout cela constituait un faisceau de raisons d'aller voir.

Il y avait là-haut un espace préservé. Peut-être aurait-on l'impression de toucher une *terra incognita*. Je réunis une troupe de gentils nautoniers. L'objectif était de grimper l'aiguille à l'aube. Philibert fournirait le canot, Olivier les vivres. Du Lac, escaladeur hors pair, conduirait l'opération. Avec eux : la fine équipe.

On part une nuit d'automne. Au matin, à l'heure des chalutiers, on met le canot à l'eau, on souque ferme. À tribord passent l'arche de la Manneporte, la valleuse de Jambourg. Plein est, l'aiguille d'Étretat. Le soleil se lève, la mer pétille, les faces de craie s'éclairent. Philibert nous dépose au pied de l'aiguille. Du Lac et moi quittons le canot munis de cordes. On se cramponne aux bigorneaux. Philibert s'écarte à la rame pour cacher l'esquif de l'autre côté de la porte d'Aval, dans l'antre naturel du Trou à l'Homme. On le rejoindra plus tard, à la nage.

Pour l'instant on escalade. On essaie d'être dignes des visions de Maupassant. Les parois d'Étretat sont « praticables aux femmes hardies et aux hommes très souples et très accoutumés aux falaises ». Il nous faut une heure pour le sommet, à cinquante-cinq mètres d'altitude. Les silex se déchaussent du calcaire. On trouve des pitons rouillés : on nous a précédés !

Huit heures. La marée monte, l'aiguille vibre, les falaises miroitent. On se tient à la pointe, frappés de joie, entre ciel et mer, endroit vivable. J'ai préparé un texte. Je le lis, pour les nuages. Personne n'écoute. Une mouette passe.

LES PILIERS DE LA MER

APPEL POLITIQUE
LANCÉ DEPUIS LE SOMMET DE L'AIGUILLE

ARSÈNE LUPIN NE VOULAIT PAS CHANGER LE MONDE. AU SOMMET DE L'AIGUILLE, IL SE GAUSSAIT DES IDÉES CREUSES. IL CHANTAIT LE « PRIMESAUT » : FANTAISIE, LIBERTÉ, GOÛT DES BELLES CHOSES. DÉSINVOLTURE ET LONGUE MÉMOIRE. NOUS PRÉFÉRONS LA LIBERTÉ À LA SÛRETÉ, LES NOSTALGIES PRIVÉES AUX PROMESSES PUBLIQUES. NOUS VOULONS *AIMER, BOIRE ET CHANTER* SANS QUE LA PUISSANCE D'ÉTAT NOUS INDIQUE COMMENT FAIRE. LES AIGUILLES SONT DES REFUGES. ELLES TIENNENT. IL FAUT CONNAÎTRE SES PROPRES AIGUILLES, LES REJOINDRE, SE TENIR À LA POINTE, QUAND L'AIR DEVIENT ÉPAIS.

Je replie mon papier. Du Lac plante un piton et balance les cordes dans le vide. On descend en rappel, on regagne la mer, la grotte. Prévenus par les promeneurs, des gendarmes ont lancé leur canot. Ils arrivent trop tard. Sur la plage de galets, tout à la gaieté d'avoir réalisé un bon coup, je m'aperçois que je viens d'accomplir quelque chose de supérieur à une farce. Là-haut sur l'aiguille blanche, j'ai éprouvé une joie douloureuse. C'était un poinçon étrange, non le seul plaisir d'une plaisanterie. En équilibre sur un espace à peine plus large qu'un tabouret, j'ai rejoint le point de contact entre le temps, l'espace et mon propre cœur. Ils sont miraculeux, les moments où l'instant se fixe dans la partition ! Les sens reçoivent l'information aberrante et grave que nous nous sommes confondus à l'axe autour duquel le monde tourne. Tout se fige. Puis se suspend. La conscience reçoit la totalité du panorama dans une image arrêtée, familière. Même le cormoran qui plane plus bas semble attendu. Peut-être est-ce là la définition du vertige : l'élargissement de soi, non le racornissement dans la peur ?

Que m'est-il arrivé ? Aurais-je trouvé sur cette aiguille de la mer un lieu et une formule ? Depuis longtemps, je cherche les endroits du monde où se croisent l'éternité des patries de l'enfance et le refus des encerclements modernes. Ici, personne ne nous interdit le jeu du danger et de la joie. Personne ne nous commande de nous enthousiasmer pour des causes débiles ou des marchandises hideuses. Sur cette pointe, à un jet de pierre de la falaise côtière, je me croyais au bord de l'univers.

L'impression a duré quelques secondes. On se *situait* là, au bord du vide. Rien n'était possible, tout semblait offert. Montait la douceur de la mer : liberté claire, haute beauté. Je n'en revenais pas de me trouver dans ce cirque lacté, sur un point où il était absurde de se tenir. La mer vivait. Nous : fixes dans le mouvant. L'être rejoignait le lieu.

À Venise, au XVIIIe siècle, Tiepolo a propulsé au plafond des palais anges, madones et moines volant dans le ciel rose, bras écartés. On les croirait aspirés dans un vortex de ferveur jouissive. Au sommet de l'aiguille, j'ai connu cette ivresse sèche. Je flottais entre ciel et mer. Après tout, je traque cela depuis tant d'années à courir le monde : l'élévation. Ne sachant peindre, je m'en vais. Ne sachant prier, je grimpe. Parfois, j'arrive en un haut lieu. Une *ascension* a bien eu lieu.

De retour sur les galets, je demande à du Lac où l'on trouve ce genre d'aiguille.

– Sur toutes les côtes du monde.

– Écoute-moi, lui dis-je, on part. Vers les piliers de la mer. On les passe en revue. On les approche, on les grimpe, on les bénit. Je veux revivre mon illumination de l'Aiguille blanche. Me repayer le luxe de me sentir *là où je me dois d'être*.

– C'est-à-dire ?

– À la pointe du monde, où je n'ai rien à faire, où je ne peux rester, en un lieu où personne n'est allé, d'où le monde s'embellit, qui s'écroulera bientôt et qu'il est difficile d'atteindre, urgent de quitter, inutile de gagner.

– J'en suis, dit du Lac.

Et c'est ainsi que nous avons passé des années à grimper sur les stacks.

Deux

Le recul de la côte

En anglais, « aiguille maritime » se dit *sea stack*. Représentez-vous une colonne dressée à quelques encablures du rivage. En bas l'écume, en haut des plumes. La mer bave au pied, un goéland coiffe le sommet, entre les deux : la roche. Il y a des courants et des vagues, le mieux est d'interdire aux enfants de s'approcher. Tel apparaît le pilastre au milieu des vacanciers.

Sa forme est fantasmagorique : depuis des millénaires, le vent et l'iode ont défoncé la roche, ornant la paroi de protubérances. En France, le plus connu est l'aiguille d'Étretat. Il y en a dans les Calanques de Marseille, ivoirins dans la turquoise un peu vulgaire. À Belle-Île on en trouve un nid : les aiguilles de Port-Coton. Acérées, sombres, veinées de quartz blanc, elles sentent l'algue. Des mouettes les auréolent, sapées impeccable. Monet les a peintes avant de faire des meules.

LES PILIERS DE LA MER

Il ne faut pas confondre stack et écueil. L'écueil est un débris. Le stack se dresse franchement au-dessus de l'eau et n'y affleure pas sournoisement dans l'espoir d'éventrer un galion. En Irlande, comté de Donegal, après des semaines de route le long de la côte, nous en avons grimpé un tout petit, d'une douzaine de mètres seulement. Il faisait pourtant vive impression. Il se cabrait dans un ressac terrible. On eut un mal fou à prendre pied sur son socle. On approcha en kayak, je me jetai littéralement sur les rochers, une vague de deux mètres recouvrit tout, la roche noire saignait de l'écume. Je ne sais comment du Lac réussit à prendre pied sur le rocher sans lâcher l'esquif. Le petit stack se dressait au milieu des vagues dans l'aube électrique. On l'escalada en gardant nos gilets de sauvetage. Le stack avait l'air furieux contre la houle. On aurait cru une tête de serpent dardant sa colère au-dessus du bouillon. La taille ne définit rien. Un stack, c'est une personnalité de la roche refusant la suprématie de la mer.

Le stack n'appartient point aux décombres de la falaise attendant que l'érosion les transforme en sable fin où viendra bronzer l'estivant.

Son sommet ne dépasse pas la hauteur de la terre mère puisqu'il en procède. Il se situe à l'exacte altitude du plateau côtier. Pas de péché d'orgueil chez les piliers de la séparation.

En termes plus sobres, le stack est une quenouille magique, l'obélisque du chronos, l'échauguette d'un château inondé, une hallebarde fichée dans le râtelier des eaux, une fusée lunaire plantée dans le récif, un chicot pourri, un diamant taillé, un totem du refus, une torche oubliée, un flambeau pétrifié, une banderille finale dans le sable de l'arène, un clocher fantôme surnageant du déluge, une fourche de Poséidon (à une seule dent), une figure de proue sauvée du naufrage, un menhir détaché de sa carrière, ou mieux, le cigare qu'un dieu vraiment très cool, allongé au fond de l'océan, tiendrait entre ses doigts en laissant dépasser de la surface le bout incandescent, bref la somme des visions que suscite chez le petit baigneur une colonne des eaux dressant sa hauteur de vingt, trente ou cent mètres dans un ciel encombré d'oiseaux aux yeux vicieux.

Certains géographes affinent la définition : seules pourraient prétendre à l'appellation les aiguilles dont la superficie du sommet n'excéderait pas un dixième de la hauteur. Une confession : nous avons été moins pointilleux que ces statisticiens. Nous avons versé à notre tableau des masses de roche qui ne répondaient pas à la proportion.

Aux Marquises, sur l'île d'Ua Pou, nous avons gravi un soir une masse de poussière volcanique plantée à cent cinquante mètres de la ligne de côte. Le rocher se désagrégeait sous nos doigts.

LES PILIERS DE LA MER

L'escalade fut une effroyable fuite vers le haut, dans des avalanches de scories mêlées à nos sueurs. En bas, sur le socle découvert par la marée basse, des vasques miroitaient habitées de murènes. Il n'aurait pas fait bon s'y écraser. Le sommet se constituait d'un plateau pulvérulent alourdi de végétation, dont la superficie dépassait largement le calcul des spécialistes. Pourtant, nous avons inscrit ce vaisseau rocheux à notre tableau. C'était la récompense aux risques pris pour trente mètres de hauteur.

Le stack est un mâchicoulis de la mer séparé de la falaise, dont la difficulté d'accès aura autant contribué à mériter l'appellation que la proportion des formes et la géométrie de la silhouette.

Les Français appellent le stack maritime « pilier d'érosion de recul de côte ». Le français est une langue plus précise que l'anglais mais moins sexy. Si l'on croise une fille sur le sable allongée, on aura davantage de succès avec « *Let's go to the stack !* » que « Voudriez-vous, mademoiselle, gravir avec moi ce pilier d'érosion de recul de côte ? ». Dans ce livre, malgré nos préventions, nous aurons recours au mot anglais. On qualifiera de stack tout pilier d'érosion vers lequel on nagera, dans le chenal de séparation où palpite l'anémone.

Comment naît le stack ? De l'action érosive des vagues, mouvement cosmique. Depuis des milliards

LES PILIERS DE LA MER

d'années, la mer se rue contre la terre. Cette fureur est incompréhensible. Elle ressemble à un reproche. Elle s'appelle le ressac. D'avion, on dirait de la crème. Dedans, c'est la mort.

Le ressac a coûté la vie aux marins et permis à Victor Hugo de tremper son lyrisme dans le bouillon. Sur terre, toute falaise rocheuse recule devant le ressac. Si la roche est dure ou tendre, l'effondrement est plus ou moins rapide. La France et l'Angleterre s'écartent. Chacune pense que l'autre a peur. Parfois, un bloc s'abîme dans l'écume. À Varengeville, en Normandie, la mer ronge la terre. Au bord du vide, un petit cimetière marin se trouve menacé. Certaines tombes s'ouvrent. Signe des temps : même les morts ne sont pas tranquilles.

La mer mord la masse. La terre résiste. Un éperon brise l'effort des vagues. Il semble s'avancer dans la mer, en réalité il tient sa position. La côte recule. Lui fait saillant, s'affine. Le ressac le lèche, le polit, le sculpte, creuse un orifice entre ses deux versants. Soudain une arche s'ouvre. Quelques secondes suffisent à décrire l'action, il faut des millions d'années pour qu'elle s'accomplisse.

Un jour, une tempête fait vibrer la côte. Des bateaux sombrent, l'arche tremble : le tablier se fracasse dans l'eau. Reste le pilier qui fermait l'arc. Lui ne s'est pas écroulé. La houle le lave, il tient bon. La mer continue à le harceler. Il se dresse, s'étrécit.

La mer bat.
Des arches s'ouvrent.
Les ressacs creusent des grottes.
Gisent les écueils,
traces d'anciens
stacks.

La voûte de l'arche
s'effondre.
Demeure le
pilier.

Le stack s'affine. Il campe sur sa position.
La côte continue à reculer.
D'autres arches
apparaissent.
Tout recommence.
Tout s'écroule.

La côte recule toujours. Il demeure, isolé. Un jour, il disparaîtra. Pour l'heure il marque le point jusqu'où avançait l'ancien littoral.

C'est une ruine, un témoin, un souvenir. La relique de ce qui fut. C'est le stack. Un brave. Gloire à lui.

TROIS

Le repli de l'être

Les Grecs antiques prenaient les stacks pour des êtres vivants. Homère, dans l'*Odyssée*[1], décrit ces stacks tueurs. Dans le détroit de Messine, souvenez-vous : Charybde et Scylla avalent les bateaux. Dans le septième livre des *Métamorphoses* d'Ovide, Jason parvient avec l'équipage des Argonautes à l'embouchure du détroit du Bosphore. De grands écueils se déplacent sur la mer : « les Tours errantes », vision d'horreur ! Elles se déplacent à la surface de l'eau. Les roches se jettent les unes contre les autres pour fracasser les embarcations. Jason réussit à se faufiler. Il est guidé par un oiseau prophétique. Il passe d'un cheveu au moment où les stacks se referment. La jeunesse, l'ardeur, la confiance, la beauté ont vaincu. L'aventure continue. La Toison d'or sera conquise. De ce passage, les psychanalystes ont fait

---

1. Les adolescents attentifs auront identifié le chant XII.

une lecture conforme à leur manie d'appliquer les mythes grecs sur les parties génitales. Les roches errantes seraient les obstacles pulsionnels dont nous encombrons nos existences.

N'ayant ni la grâce de l'Argonaute ni la névrose du psychanalyste, je ne vois pas les stacks en figures hostiles. Pour moi, ils symbolisent un type humain : l'ermite.

J'entends par « ermite » celui de la forêt, de la ville, l'ermite de sa propre âme ou de la steppe, du cabinet ou de la cellule, de l'atelier d'artiste ou du mont Athos, enfin tout cœur mélancolique qui a choisi de s'écarter et cherche dans les dédales du monde ou les labyrinthes de son moi profond le chemin d'une citadelle.

Le stack se détache de la falaise côtière. Il la laisse reculer, tenant sa position. Depuis la séparation, il résiste, à quelques encablures, seul, droit, planté. Il est doux, bon. Il ne saurait nous tuer.

Qu'on ne se méprenne pas ! Il n'a pas choisi de se retrancher par hédonisme. « La liberté existe, il suffit d'en payer le prix », consigne en ses carnets le Montherlant de 1957. Pour le stack, s'extraire aura son coût. Il n'abandonne pas le sort commun pour jouir du reste de son temps sous des soleils faciles. Il mourra le premier, tombant avant la ligne de côte. Posté devant la terre, il reçoit la houle de la mer, les rafales du vent, la cuisson du ciel. Il est noble de se porter en avant du danger. Le stack est roi. De ses douleurs.

Au sommet des stacks argileux, combien d'heures avons-nous passées dans les coups de massue du ressac réverbéré à travers le cœur même du minéral. La vibration nous traversait le corps en ondes sourdes. Le stack s'effondrera au champ d'honneur. L'honneur de se distinguer.

Un jour de septembre, à Terre-Neuve, au nord de la péninsule de Bonavista où débarquèrent les Islandais (cinq siècles avant que le Génois ne fît croire au monde qu'il avait *découvert* l'Amérique à bord de ses caravelles), nous atteignons les confins d'un territoire de forêts froides. Là, dans la baie de Spillar, nous avisons un stack volcanique à l'extrémité de la grève. C'est un doigt fuselé, fruit de l'érosion d'un volcan dont subsiste seulement la cheminée solidifiée. En ce matin d'automne, il cabre ses trente-cinq mètres de hauteur au-dessus de l'océan. Nous peinons à escalader ce tuyau et, du sommet, regagnons la terre ferme distante d'une trentaine de mètres par une tyrolienne arrimée au-dessus des rouleaux.

Une fois au bord de la falaise, je contemple le stack du Nouveau Monde. J'en ai foulé la tête avec le sentiment de m'être pour un moment désaxé de l'orbite de la vie réelle. Ce soir-là, la mer cana-

dienne rugit sur les écueils. Des nuages anthracite roulent comme les vagues. Le vent emporte l'écume.
Le stack se dresse quand tout se couche, demeure quand tout chatoie, se campe quand tout recule. Il n'a pas cédé au mouvement. Il est le doigt d'honneur que la géologie adresse au principe de masse.
Dans la panoplie géomorphologique, il représente la figure du « seul contre tous », incarné dans l'ordre anthropologique par le long carrousel des hommes irréguliers.
Au début de l'aventure, je commets une erreur. En m'approchant des falaises, sur l'île grecque de Zante ou dans les Calanques de Cassis, je prends le stack pour une projection de la terre *vers le large*. Illusion compréhensible : l'œil voit un pilier à bonne distance de la côte. Je l'imagine avoir pris la fuite, crois percevoir le *mouvement* du rocher vers l'ailleurs. Avec leur expression de « *old man* » pour désigner les « *sea stacks* », les Anglais ajoutent à la confusion : on pense à l'aïeul qui s'en va mourir dans le lointain. On voudrait lui crier : « *Farewell, old chap*, bon voyage ! » En réalité, il faudrait dire : « Nous partons ! Adieu à toi qui demeures. » Le stack ne s'en va pas puisqu'il reste. *Ne varietur* est son destin. C'est le monde qui se rétracte. Lui choisit de s'enraciner.

Les stacks seraient donc improprement assimilés aux chevau-légers[1] caracolant à l'avant des lignes. À la vérité, ce rebut campe à l'arrière-garde. Le refuznik du mouvement général se voue à la conservation de sa position. Il n'est pas l'éclaireur que l'on pensait, frétillant d'explorer l'horizon. Sa devise rappelle celle de la maison de Hollande, « Je maintiendrai », plus que celle de Charles Quint, « Toujours plus loin ». Le stack est à la géographie ce que l'obstiné est à la psychologie.

Jules Barbey d'Aurevilly a donné l'exacte formule de sa position morale : « Ni au-dessus, ni au-dessous, à côté. »

Avec ce passage en revue planétaire, j'ai l'intention de saluer les stacks, de caresser leurs flancs, de révéler leur grandeur solitaire, de faire à leur noblesse l'offrande d'une escalade oblative dont le danger et l'âpreté seront à proportion de ma déférence.

Le stack allégorise l'opposition à la conformité. Tout ce qui refuse de suivre le mouvement est stack. Partout où il y a une côte rocheuse, en vertu du principe de recul érosif, il y a un stack. Partout où il y a une masse, un rebelle. Un dogme, sa contradiction. Une norme, son anomalie. Une partition, sa

---

1. J'ai appris que la tradition imposait d'orthographier ainsi ce corps de cavalerie du XVIe siècle, sans mettre de *x* à cheval.

fausse note ; une loi, sa faille ; une obédience, son refus. Une machine, son grain de sable. Le stack s'oppose à la retraite générale. Aucun ne nourrit l'ambition de peser sur l'ensemble ou de le ramener à ses propres vues. Se soustraire n'est pas conquérir.

Ainsi le général de Gaulle n'est point un stack. De prime abord, il en exprimait pourtant les caractéristiques par le refus spirituel et la résistance temporelle. Même sa stature l'apparentait physiquement à la haute tour de la mer. Mais la résistance gaullienne nourrit la volonté de reprendre la barre. De Gaulle s'écarte pour mieux revenir. Le stack, lui, se retire avant de mourir. L'un se prépare, l'autre disparaît. Ce n'est pas la même chose. S'effacer n'est pas combattre.

Le levier a besoin d'un appui pour déplacer la masse. Le rebelle, d'un adversaire qui légitimera sa rébellion. Le stack n'a besoin de rien pour s'éclipser.

Le vers de Walt Whitman tiré de ses *Feuilles d'herbe* scelle la distance du stack avec toute ambition : « Je n'ai rien à voir avec ce système, pas même assez pour m'y opposer. » Si je m'étais mieux organisé, j'aurais fait broder cette devise sur des fanions de soie que j'aurais fichés au sommet de chaque stack gravi, du Québec au Mexique, de la Nouvelle-Zélande à la Bretagne.

Il faut chercher ailleurs que chez le rebelle en

armes le parèdre humain du stack. L'homme-stack n'est pas résistant mais plutôt dandy. Détachement, indifférence, distance : la présence du stack, là-bas, planté dans les eaux du Pacifique, de la mer des Hébrides ou de la mer Ionienne, constitue une position esthétique. Avec ses trèfles roses mouchetant son sommet, ses filons de quartz veinant sa carapace, ses explosions d'oiseaux ébouriffant son crâne, ses bosquets d'hibiscus dégueulant des fissures, ses formes chantournées de danseur argentin et des coussins d'ivoire écumant à ses pieds, le stack est conforme à la sophistication du dandy : canne à pommeau, boutons de manchettes, gilet écarlate. Le dandy cherche à se *détacher*.

Mais ce dandy-là doit être capable de lutter ferme contre la violence du réel. Les dandys de *La Recherche du temps perdu* – peuple aberrant produit par une imagination géniale – ne peuvent être versés à l'armée des stacks. Car le principe de distinction proustienne crée des êtres inaptes à la vie, baroques et fatigants, tragiquement délicats, des Swann et des Charlus trop faibles pour résister aux vagues de la vie !

Le stack tient debout même s'il vibre sous les coups de l'océan. L'insensé tremble mais ne recule pas. Et plus d'une fois, en Écosse, perchés sur les aiguilles du cap Wrath ou sur les stacks de l'île de Skye, dans la tourmente du ciel et la violence de la mer, nous sentons sous nos pieds les oscillations de la colonne et nous ébahissons du miracle que sa solitude puisse faire front depuis tant de siècles contre la haine de la mer. Cette haine contre tout ce qui ose se dresser devant l'arasement total.

Quatre

Les tours mythologiques

« Les stacks sont des dieux », dit Marjorie.

Aux Marquises, Marjorie vient nous chercher, en ce début d'octobre, sur le quai de l'île d'Ua Pou. Son *marara* est un bateau de bois puissamment motorisé, que les Marquisiens pilotent enfoncés à mi-corps dans un logement de la proue. Debout sur la crête, ils chevauchent. *Marara* signifie « poisson volant » en polynésien.

Le ciel a brûlé les yeux de Marjorie, le sel cuirassé sa peau. La mer lui suffit. À terre, elle regarde le large comme si elle n'était pas de ce monde. Sur l'eau, elle sourit. Tous les matins, nous partons avec elle chasser les stacks. Habituellement, elle pêche autour de l'île. Elle a un fils de six ans aux cheveux libres, qu'elle emmène à bord. Il aide aux manœuvres puis, accroupi à la poupe, reste muet et nous regarde grimper. C'est ainsi que les enfants de la mer deviennent des alpinistes.

LES PILIERS DE LA MER

Les stacks, Marjorie les appelle « *motu* », « pilier » en marquisien. Désormais, avant de lancer ses cinq cents chevaux dans l'aube, elle dira rituellement avec cet accent où les voyelles traînent comme les nuages : « Allez, les kamikazes, on va chercher les motu. »

Alors nous sautons dans le bateau et Marjorie se rue sur la mer. Et le monde arrête de sentir la fleur sucrée et s'emplit du parfum du gasoil qui est l'odeur de l'aventure. Et s'ensuit une demi-heure de rodéo sur les vagues. Les muscles des bras de Marjorie sont durs comme le bois flotté. Elle devrait venir aux escalades mais ne quittera jamais le pont de sa barque qui est pour elle le monde entier. Marjorie chante l'hymne de la mer. Elle accélère. Nous tentons de nous maintenir dignement dans ce *shaker*. Marjorie trouve un motu, rapproche le bateau du platier et nous dit en riant, comme si elle prenait au sérieux le jeu des rocs et de la liberté : « Regardez, celui-là, il s'est bien écarté. » Et nous sautons dans les vagues, nageons vers le stack, les cordes serrées dans un sac étanche. Conchiés de guano d'oiseau, les piliers sont des spectres noirs descendus des nuages, fardés de poudre blanche pour la procession au carnaval de la mort. Géologiquement, ce sont des colonnes de lave effusive, vestiges de volcans balayés aux vents millénaires.

On atteint le récif. Les crabes se jettent à l'eau. Le cliquetis de leurs pattes fait des bruits de squelette. On se plaque sur la paroi frappée de vagues chaudes. Le monde cesse de bouger sur le pilier pacifique. Marjorie flotte, moteur coupé, pendant des heures, à bord du bateau jaune qui devient pour nous un petit point dans le néant. Elle nous surveille, grillant ses cigarettes qu'elle prononce *cigârette* en retenant le *a*.

Les escalades sont difficiles, le basalte, compact, offrant peu de prises. Il faut s'équilibrer sur des biseaux trop lisses. Les coulures de guano bouchent les fissures et calcifient les dalles d'un plastron acide. Alors l'escalade atteint le septième degré sur l'échelle des difficultés et du Lac, ne pouvant planter aucun piton dans ces dégoulinures, joue sa vie à cent ou deux cents mètres au-dessus de l'océan. Les oiseaux de la falaise, qui ne savent pas la méchanceté de l'homme, nous regardent passer au bord de leur nichoir sans prendre la peine de décoller. Et nous leur murmurons que nous venons en amis puisque nous ne resterons pas.

On grimpe un pilier ogival arrimé à un îlot de scories rouges dont le feuilletage de quatre-vingts mètres d'épaisseur ressemble à une tranche de strudel viennois. Quelques années auparavant, des alpinistes allemands ont escaladé ce motu par un cheminement facile. Du Lac passe tout droit, traçant une « directissime » de deux cent trente mètres, en face ouest. Les grains de pluie s'abattent. Le rocher dégouline et le guano devient un emplâtre. Assuré sec par mon compagnon, je grimpe, en murmurant la chanson de Brel, ce cordial de grimpeur : « Gémir n'est pas de mise, aux Marquises. » Une fois administrée la correction du ciel, le soleil revient s'en prendre à la mer, et Marjorie, en bas, est la seule preuve que la douceur existe dans cette arène du diable.

Balancés à nos cordes, nous redescendons sur les flancs du motu de lave et Marjorie nous cueille au sommet d'une vague. Elle ne sait pas combien sa présence dans le Pacifique nous a donné la force de grimper le motu.

Nous en gravissons de plus petits, et montons un jour sur l'un d'eux, qui dresse sa pointe à trente mètres et s'effondre à chaque fois que nous saisissons une prise, nous obligeant à accélérer la cadence vers le sommet. Et toujours Marjorie, la clope au bec, attend de nous récupérer.

– Il faut baptiser nos piliers, Marjorie, dis-je en montant sur le bateau.

Alors Marjorie prend la parole.

– Celui-là, le grand de deux cents trente mètres, que vous avez gravi, nous lui donnons le nom de « Motu Takaae », c'est un géant vaincu qui a été

défait et isolé des autres. Donnez-lui le nom de
« Vakaouri », jeune héros de notre mythologie parti
dans sa pirogue pour quitter le clan vers le large.
Nous avons un Vakaouri en nous qui veut tailler sa barque et s'en aller. Et celui-là, qui vous a
donné bien de la peine, appelez-le « Toa Enana »,
le « guerrier marquisien ». Et celui de ce soir, il est
si joyeux, donnez-lui le nom de notre déesse de la
mer, « Atanua », la féconde.

Sur mes petits croquis, je consigne studieusement
les noms de la théogonie maorie sortis de la mémoire
de notre amie.

Un matin, nous partons à pied vers le centre
de l'île, au pied des stacks. Ceux de la terre. Au
sommet d'Ua Pou, d'immenses rostres de lave
crèvent la forêt, dans les nuages. Il faut forcer le
chemin. Les rideaux de lichen et les roseaux serrés
empêchent d'abattre plus d'un kilomètre à l'heure.
Parfois, on s'allonge dans les fougères pour coucher les grandes rames vertes avant de se relever
et d'avancer d'un pas. Hauts de deux cents mètres,
les Goliaths déchirent la brume. Ils ont la forme
d'obus disposés pour la guerre contre le ciel. Ces
pilastres-là ne se sont pas détachés de la terre.
Poutre faîtière d'Ua Pou, ils tiennent l'axe du rêve
dans les ciels brûlants de la gigantomachie. Nous
ne les grimperons pas.

LES PILIERS DE LA MER

Au village, Joseph Kaiha, le maire d'Ua Pou, nous reçoit. Une policière nous conduit dans son fourgon jusqu'à la mairie. « À Ua Pou, tout le monde danse, même la police danse », dit-elle. Les stacks ne dansent pas. Le maire dit : « Ces pics étaient des géants. Ils se sont battus avant le temps des hommes. Sur l'île restent les vainqueurs. Nous vivons à leur pied, c'est pour cela que nous sommes forts. »

Les nuages s'amoncellent. Le vent crève une outre et la pluie d'or ruisselle dans le ciel d'Ua Pou, ce ciel déchirant de tristesse et de puissance. Et lorsque nous quittons l'île, nous avons sous le bras les chroniques légendaires du « combat des pics », recueillies il y a un demi-siècle par le père Le Cléac'h, évêque des Marquises. « Jadis, les pics allaient d'île en île se faire la guerre. Matahenua, de l'île de Hiva Oa, alla jusqu'à Taipivai et combattit avec Tikapō. Tikapō mourut. Il coupa sa tête et la jeta dans la mer. Cette tête s'appelle aujourd'hui "Teoho'oteke'a". »

Les explosions volcano-magmatiques des débuts du monde sont ainsi devenues une guerre des pics dans l'imagination des hommes. La légende était née. Dans le choc des combats, des éclats de montagne tombaient en mer. Les piliers maritimes devenaient les débris de ces luttes. Je n'avais jamais réfléchi au stack comme vestige de la douleur projetée.

    La guerre est finie. Voici venu le temps des escaladeurs. À présent nous savons comment naissent les stacks.

Cinq

Le domaine des dieux

À la fin du premier millénaire après le Christ, l'expansion polynésienne trouva sa limite orientale sur l'île de Pâques. Un cycle se fermait. Le plus grand empire maritime de l'Histoire – empire du vent et de la rame – bornait sur un volcan son élan vers le levant. À bord de pirogues ouvertes aux étoiles, les Maoris s'étaient assujetti un tiers de la surface du globe en chantant dans les vagues.

Sur la côte sud de l'île de Pâques se dresse le motu Kao Kao, stack de cinquante-cinq mètres. Fichée dans les cent cinquante millions de kilomètres carrés de la surface du Pacifique, l'aiguille nous aimante.

C'est une épine de lave, torsadée sur elle-même, de silhouette effilée, portant son peuple d'oiseaux à un demi-kilomètre de distance de la côte devant le cratère du Rano Kau.

D'abord on loue une barque de bois. Quand on arrive au pied du pilier, on explique au pêcheur qu'on va se jeter à l'eau et grimper. Outré, le type pousse un juron, fait demi-tour, pleins gaz.

Suivant les vents, les navigateurs de l'ouest touchèrent un jour les flancs des volcans. Le vide du Pacifique contenait sa poussière. Ils ne ratèrent pas l'île. C'était le peuple Rapa Nui. Il redoutait d'être seul au monde. Pas une voile ne passa pendant des siècles.

Colonisant l'île de Pâques, les Rapa Nui dressèrent des statues de pierre. Les moaïs – nom de ces figures de dix ou quinze mètres de haut – continuent d'irradier leur mélancolie. Qu'attendaient-ils, ces chevaliers à la figure sinistre ? Que surveillaient-ils ? Un horizon d'où viendrait un salut ? Ô infinie tristesse de l'insondable. On dirait des stacks ! Mais des stacks artificiels, détachés de l'angoisse de l'homme, oubliés au bord d'une question qui s'appelle l'océan.

La civilisation des moaïs disparut au XVIIIe siècle. La sécheresse gagna la terre et les cœurs. « Effondrement politique », clament les savants qui croient comprendre ce qu'ils ne savent pas. On coucha les totems. Les dieux s'étaient retirés. Mais les hommes ne laissèrent pas le ciel vide. Ils inventèrent d'autres rites. Ô comme elle est vitale l'idée qu'ici, sur ce caillou de perdition, une race humaine préféra réécrire un mythe au lieu de déplorer infiniment la chute des temps.

Tel est le vrai mystère de l'île de Pâques : où cette peuplade du néant océanique, confrontée à la catastrophe, puisa-t-elle l'énergie de recomposer une cosmogonie ?

Le nouveau récit des Rapa Nui s'appelait le mythe de *l'homme-oiseau*. Tous les ans, les sternes revenaient à tire-d'aile nicher sur les îlots en face du cratère sacré du Rano Kau. Les jeunes hommes se livraient alors à la compétition rituelle : il fallait dévaler les quatre cents mètres de dénivelé du volcan, se jeter à l'eau, traverser le chenal à la nage, se jucher sur les écueils de l'îlot Motu Nui pour dénicher un œuf de sterne nouvellement pondu et le rapporter, intact, à la nage et à la course, jusqu'au sommet du volcan ! Le vainqueur était adoubé. « Beaucoup tombaient des falaises », disent les chroniques des navigateurs. Le rituel se répéta chaque année jusqu'à la fin du XIXe siècle. Puis le dieu berger de la Judée chassa l'homme-oiseau.

Avec le nouveau mythe, on célébrait le regain et le printemps des choses. Par le chant de l'oiseau et le pouvoir de l'œuf qui contient la formule, on conjurait le malheur. En termes théologiques, la sotériologie de l'œuf conjurait l'eschatologie des moaïs. La vie après la chute, en somme. On fêtait les sternes revenues ! Le printemps succédait à l'hiver, la lumière à la nuit. Les moaïs brisés, gisant dans le sable, ne

LES PILIERS DE LA MER

savaient pas que leurs anciens serviteurs vénéraient à présent l'énergie de l'éternel retour. Fruit de la plume, de l'iode et du photon, l'œuf était la promesse. Tout pouvait revenir.
Puissions-nous savoir inventer de tels récits, nous autres, mornes peuples de la péninsule euroatlantique. Habitants modernes des manufactures de l'Europe, nous nous sommes félicités de la mort de Dieu sans nous douter que ces réjouissances ouvraient les bondes du désespoir. Nos moaïs aussi ont mordu la poussière ! Mais nous ne savons pas rallumer les torchères. Aucun oiseau ne niche au sommet de la société marchande.
Demander ses secours à l'imaginaire, composer un nouveau récit du salut est tout de même d'une autre noblesse que de gagner des bunkers survivalistes en attendant l'apocalypse avec des boîtes de corned-beef.
Entre le volcan de l'île de Pâques et l'îlot sacré où se ramassaient les œufs de sterne, à six cents mètres de la côte, se dresse notre stack. Sur le revers sommital du cratère de Rano Kau, on le distingue à l'œil nu, austère, crochu. On dirait un pilum défendant l'accès de l'île aux œufs !
Fut-il déjà grimpé ? Sûrement pas dans les siècles passés, car les chroniques l'auraient mentionné et l'homme alors n'escaladait pas des parois de cinquième degré. Nous n'y grimperons pas seuls. Il

faut emmener un fils de l'île pour s'apprivoiser les dieux, calmer les oiseaux et ne fâcher personne.

« Allez voir Pétéro ! Parlez-lui du piton de roche », nous dit un marin que nous tentons de circonvenir dans le port de Hanga Roa. Pétéro a soixante-dix ans, une gueule d'aigle, la peau comme un cuir tatoué, les yeux très habités et les os fort saillants : un vieux dieu du volcan dans un animal humain très sec. Il travaille à l'administration du parc national. Sur l'île, il est considéré dépositaire de la tradition des Rapa Nui, connaît le rite, se proclame fils de l'homme-oiseau et déplore la cessation de la course rituelle, il y a cent cinquante ans. Il a étudié les archives et sait que les dieux mènent toujours le combat de la destruction et du renouveau : les hommes, selon leur cœur, font allégeance à l'une ou à l'autre. Lui espère. Si les oiseaux reviennent, le temps ramènera l'ordre des anciens jours.

– Pétéro, nous grimpons les piliers de la mer, autour du monde.

– Je m'en fiche.

– On veut grimper le motu Kao Kao.

– Il est sacré.

– Justement. L'escalade est une prière.

– Je vous y autorise. Si vous m'emmenez.

– Vous n'avez jamais grimpé, dit du Lac, c'est impossible.

– Ce serait de la folie, dis-je.

LES PILIERS DE LA MER

– Merci, dit Pétéro, quand part-on ?
– Ce soir, dit du Lac.

À six heures du soir, nous sommes sur le quai. Pétéro a prévenu son ami Loti Garcia, fils d'un des lieutenants du commandant Cousteau.
– Loti, comme Pierre ? dis-je.
– À *cause* de Pierre, dit-il.
Loti nous emmène dans sa barque. Il aime les Rapa Nui, ne craint pas que nous montions sur le pilier. Le ciel est percé. La lumière dégueule en torrents. Les grains de pluie nous frappent. Pétéro récite une prière. Dans la barque, on s'équipe de baudriers. Pétéro se déshabille intégralement et se trace des lignes au visage avec un morceau de charbon.
– Il faut vous rhabiller, Pétéro.
– Non.
– Mais on va vous mettre un baudrier d'escalade.
– Je grimperai nu sur le pilier de l'oiseau.
Dans le courant, Loti touche le stack de la pointe de la barque. « Vous avez trois secondes. » Nous sautons sur une saillie de la face est. Le bateau reste fixe et le stack est instantanément projeté en arrière à moins que ce ne soit le contraire. Alors, devant l'îlot où les Rapa Nui dénichaient les œufs, nous grimpons les cinquante-cinq mètres du stack. Au sommet, du Lac hisse Pétéro, à poil, attaché ferme à la corde. Je le serre de près et l'aide à placer ses

pieds sur les prises. Il pleure mais c'est d'une joie mythologique. Il se blesse la jambe. Je le pousse aux fesses dans les petits bombés qui coupent l'escalade. Les sternes se sont enfuies. Parfois un trait de soleil fait pétiller la mer, parfois une gifle de pluie vient frapper le monde. On fait gagner mètre après mètre à Pétéro. Du Lac s'est arrêté à un mètre cinquante du haut du stack pour laisser à Pétéro la préséance du sommet. Notre ami s'installe le premier sur la minuscule plate-forme, large comme une table de bistro. Il nous l'a demandé hier : « Laissez-moi le dernier mètre. »

Cul sur le sommet, le sexe à l'air, le cou ceint de son collier d'os, la peau maculée de charbon et de sang mêlé de larmes, Pétéro, le gardien désespéré de la mémoire, sanglote dans le vide que les fous de Bassan électrisent : « J'ai attendu soixante-dix ans pour faire l'amour à ce motu, je veux dire aux hommes que nous sommes là, je veux que la Terre se souvienne des Rapa Nui. »

Et nous le laissons les bras ouverts dans la pluie, assis sur son antenne, à gueuler en pleurant le grand malheur de l'île hors des routes, hors du temps, abandonnée des dieux, oubliée par l'Histoire, maudite par la géographie, pillée par les marins, réquisitionnée aujourd'hui par nous autres touristes qui venons profaner la tristesse.

Sur les bords de l'île sans réponse, le stack m'apparaît tel que je ne l'avais jamais soupçonné : un endroit où l'on s'adresse à Dieu, pour l'implorer de vous regarder, à poil, pendant que des oiseaux dingues assurent la garde du chagrin.

Six

Le stack du bout des terres

La Patagonie est la région la plus triste du monde. Le vent y est animé de trois désirs : aplatir la terre, soulever la mer, arracher toute vie sous le soleil, lui-même assez discret.

Parfois la brume se déchire. La forêt couvre la montagne d'un bouclier vert bronze lissé par les rafales. Un rayon de lumière apparaît. Le tronc des arbres éclate, comme un cri blanc. Vision fugace. La brume s'est refermée.

Des écrivains au cœur lourd ont aimé ces canaux maritimes où glissaient de pauvres hères que l'Histoire avait abandonnés sous la pluie. Les relégués des siècles se sont donné rendez-vous dans ce labyrinthe : peuples défaits, réprouvés politiques. Les seconds au chevet des premiers.

Noyer son chagrin dans le sanglot du paysage fut un motif de voyage prisé par une certaine race de neurasthéniques du XXe siècle. En ressortit une littérature où se marie le désespoir à la vigueur. Dans la bibliothèque du voilier *Vaïhéré*, un rayon est consacré à ce syndrome patagon. Jean Raspail a cru moucher la tristesse de son cœur dans une géographie de la déprime.

Parmi les centaines de livres de Claude et Éric Dupuis serrés dans les rayonnages de la goélette de vingt-quatre mètres, reposent les instructions nautiques des côtes australes, les récits de navigation du Grand Sud, des ouvrages savants sur la flore et la faune antarctiques, de la poésie et des romans pour les heures où le vent tombe. Ce qui est rare sous ces latitudes.

Mon ami Goisque, du Lac et moi avons rejoint le pont du *Vaïhéré* à Puerto William, au sud du Chili. Le couple Dupuis nous emmène au cap Horn en trois jours de navigation par le détroit de Beagle, là où Darwin, accoudé au bastingage de son bateau, contempla l'évolution des *espaces* avant de rencontrer des iguanes.

Les autorités navales chiliennes nous ont donné l'autorisation de bivouaquer sur l'île de Horn. Nous n'avons pas avoué nos motifs. Sur une carte française du XIXe siècle, à trois milles à l'ouest du roc du cap Horn, un groupe d'écueils littoraux est reporté sous l'appellation de « roches fendues ». Nous passons de chaudes heures à la table du carré, penchés sur la gravure. « Roches fendues » ! L'expression laisse présager un déchiquètement. Un stack peut-être !

Vingt ans que les Dupuis naviguent dans les mers subantarctiques. Le bateau est armé pour le froid. Chaque année, ils convoient des voyageurs à travers le passage de Drake jusqu'aux glaces. En ce printemps austral, ils ont accepté de nous conduire sur l'île de Horn.

Nous naviguons dans des alternances de grêle et de lumière. Penser que des peuples ont vécu ici enduits de graisse de phoque sans un seul mot pour désigner *la joie* fait rêver aux soirées d'été sous les mûriers platanes de la Drôme provençale.

À la barre, Éric scrute la mer. « Être marin consiste à regarder », dit-il. Claude passe la tête sur le pont et lui demande s'il a besoin d'elle pour « prendre un ris dans la grand-voile ». Il réfléchit avant de donner l'instruction, commençant par murmurer qu'il ne sait pas. Ce Socrate en ciré me donne la forte impression de l'intelligence et de la compétence. Jamais une certitude, jamais un ordre sec, mais jamais une erreur. La classe des icebergs. Et deux yeux délavés pour regarder la glace. Devise de la marine chilienne : « Par la raison ou par la force. » Dupuis corrigerait : « Ma raison est ma force. »

Ce couple (à la ville comme à la mer) a réussi l'impossible concorde de deux êtres humains dans une cabine. À l'image des Alakalufs (un des peuples les plus démunis de la Terre de Feu), ils ont résisté au pire ennemi de la relation sociale en milieu clos : la pluie.

Pendant des siècles le passage du cap Horn a constitué la pierre d'achoppement de la circumnavigation mondiale. De tous les caps, il a attiré le plus de tempêtes, alimenté le plus de chroniques. Magie des lieux physiques transmués en toponymes mythiques. La seule mention du nom de Horn promettait la gloire et annonçait la mort.

Le cap Horn proprement dit se tient à la pointe sud de la petite île du même nom (Isla Hornos, dix kilomètres sur quatre), elle-même sise à l'extrême sud de la Terre de Feu. Une éminence de quatre cent vingt-cinq mètres de hauteur s'effondre dans l'océan. Sur l'eau, c'est en coupant le méridien de ce relief, d'est en ouest ou d'ouest en est, qu'on « passe » littéralement le cap.

Nous, nous allons le franchir à pied en traversant l'île. On a les défis qu'on peut. Les « roches fendues » de la carte se tiennent sur la grève de l'île à un jour de marche du rocher du cap, vers l'ouest.

Nous quittons le *Vaïhéré* à l'aube, vêtus de combinaisons étanches. Dans nos sacs flottants : cent cinquante mètres de cordes et de quoi dormir entre ciel et terre, c'est-à-dire sous la pluie. Éric et Claude se mettront à l'abri dans une proche baie et reviendront nous chercher au troisième jour.

Nous traversons à pied les tourbières, enlevant à peine un kilomètre à l'heure. Le vent de Horn nous pousse, le ciel nous aimante, la perspective du stack me fait battre le cœur. À moins que ce ne soit l'effort dans les marais.

Mes compagnons sont écrasés par les sacs. Ils ont pris ma part de charge. Mon dos blessé ne peut plus porter grand-chose. J'ai tout de même emporté Péguy pour commenter les lignes de fuite.

Parfois, le corps s'enfonce jusqu'au torse dans la végétation. Croyant poser le pied sur un carré de mousse, on traverse le houppier d'une forêt d'arbres nains. On marche sur les frondaisons. On est Gulliver foulant des brocolis.

Aux lueurs tardives, nous bivouaquons dans un creux du terrain, au milieu de l'île. Au matin du deuxième jour, nous parvenons sur le rebord de la falaise. Un pilier de cent mètres de haut (cent dix mètres, dira l'altimètre) s'élève devant nous. Au sud, l'océan comme un cosmos.

Il se dresse là, le stack dont nous rêvions : une miette du Horn que personne n'a foulée.

Par la grâce des dieux réfugiés dans les extrémités, le temps est superbe : pas de vent, mer calme, température clémente, soleil des bords du monde.

LES PILIERS DE LA MER

Armés de piolets de glacier, nous dévalons le versant d'herbes luisantes vers la mer. La pente se raidit jusqu'à buter sur le rebord d'une falaise cuirassée de sel. Un rappel de vingt-cinq mètres nous mène au bord de l'eau. Le pilier nous domine, relié à l'île par une flèche de blocs émergés.

Du Lac s'acharne trois heures dans les feuilletages de schiste noir. Les pitons d'acier s'enfoncent comme dans de la terre. Nous grimpons à gestes d'insecte, n'osant peser sur les prises fragiles. Le stack a la forme d'un cône. Le vent l'use par la tête.

Soudain, explosion de l'immensité : c'est le sommet. L'horizon étourdit. Nous sommes juchés sur le vertige, intimidés par la violence de la beauté. N'ayant pas de bornes, elle devient sublime.

Là se trouve la clef de la tristesse patagonne. Un sanglot rôde dans l'atmosphère. À qui se destine la danse brutale des forces de la Terre ? Les rafales balaient la solitude. La mer se fracasse sans cause. L'horizon se déploie sans effet. Le ciel inonde de lumière une terre qui ne lui renvoie rien. Des arbres s'agrippent encore. Des rapaces planent quand le vent baisse. Pourquoi et pour qui le déploiement de la perfection dans la stérilité ?

Ces prodigalités de la nature sont destinées à n'être jamais contemplées. Ce qui semble un gâchis à nos esprits étriqués. Nous autres avons tant fait d'efforts pour recevoir le spectacle de la grandeur.

LES PILIERS DE LA MER

L'homme croit légitimer l'existence du paysage par sa présence ! Quoi ! tout cela existerait sans lui ! Tartarin pense toujours que les Alpes l'attendent. L'homme ne comprend pas l'énergie du monde. Il prend l'abondance pour un gâchis et le réel pour un mystère. Il se croit récipiendaire de l'onde de vie. Il ne sait pas que les dieux n'ont pas besoin de lui. L'éminence du cap Horn se dresse à six kilomètres du stack, au sud-est. Plein sud, l'océan aspire la pensée. Rien n'arrête le courant jusqu'au continent blanc, à cinq mille kilomètres.

À bord du *Vaïhéré*, j'ai plongé dans *Les Îles* de Jean Grenier, diamant de la bibliothèque du carré, livre de chevet des Dupuis. Dans ce bréviaire païen, j'ai pêché cette déclaration : « La meilleure part de l'homme est ce qui le fait échapper à lui-même. »

Que se passe-t-il d'autre sur ce pilier des bords de Horn ?

Le stack croise les transepts. L'inaccessible, l'impraticable, l'immense et l'immobile nous intiment de nous enfuir de nous-mêmes. Que pèserait la moindre parole humaine sur ce point d'équilibre le plus austral du monde, devant l'autel de roche qui présida à des centaines d'holocaustes maritimes (naufrages et tempêtes) ?

Demain, nous regagnerons le pont du bateau. Les Dupuis nous ramèneront à Ushuaïa. Puis ils repartiront s'aimer entre les icebergs. Pour nous, ce

LES PILIERS DE LA MER

sera l'échec immense du retour : la condamnation à revenir à soi.

Pourquoi tremblons-nous comme des feuilles en parvenant sur le sommet ? Les derniers mètres du stack se constituaient de rochers pulvérulents. J'avais l'impression que le stack entier vibrait lorsque du Lac martelait ses pitons. On se sentirait seuls si on mourait ici.

Il faut trois heures pour descendre du stack et remonter sur l'île. En pleine nuit, nous rentrons vers le phare à la lueur de nos lampes. Un couple de Chiliens garde l'installation depuis deux ans. José et Paméla, prévenus de notre venue, nous attendent. Le voilier viendra à l'aube.

Soudain, le vent se lève. Le phare est encore loin, la nuit tombe, nous peinons dans la tourbe et rien ne nous importe. Car le bénéfice de l'absurdité de cette course sur les pointes et l'avantage de ces acrobaties inutiles auront été de rendre agréables toutes les heures qui viennent ensuite. Marcher dans la nuit de Horn est une balade aimable pour nos cœurs allégés.

« Voici le lieu du monde où tout devient facile. » Le vers de Charles Péguy rassemble exactement mes pensées de cette nuit de marche. De quoi parlais-tu, Péguy ? Des forêts du recours où se replie le rebelle ? Des îles Borromées de Jean Grenier ? Peut-être faut-il entendre par « lieu du monde » les cabanes russes ou les navires de guerre, enfin une de ces caches, cambuse, alcôve, atelier d'artiste ou troquet de la dernière heure, grotte de karst ou cellule de moine, bras de l'aimée ou table d'amis, un de ces refuges où l'homme se retire dans la certitude de son bonheur et la vérité de son silence ?

Péguy se souvenait de la cathédrale de Chartres. Mais ces alexandrins de la *Prière de résidence*, n'aurait-il pas pu les destiner à nos vigies de la mer australe, livrées pour un instant au visiteur du vide ?

« Voici le lourd pilier, dit Péguy. Et l'oubli pour hier, et l'oubli pour demain, Et l'inutilité de tout calcul humain (…) Le seul coin de la terre où tout devient docile. »

Un lourd pilier. La facilité de l'espace. L'oubli du temps. La docilité du monde. L'inutilité du calcul. Franchement, Charles, on ne parlerait pas mieux des stacks.

Sept

La séparation des hommes

Autres pointes, autres stacks. Le monde est plein de terminus. Deux piliers montent la garde au sud de l'Afrique. Combien d'heures aurons-nous marché dans les moutonnements des prairies du Transkei ? Combien de kilomètres abattus sur les plages couleur flanelle piquetées de limicoles ? Combien de cow-boys croisés, veillant sur les vaches maigres au bord des falaises, fusil sur la cuisse ? Et combien d'enfants sur les routes de goudron, en uniforme d'écolier, alors que nous roulions le long de la côte sauvage de Mbotyi ?

Sur la côte orientale de l'Afrique du Sud, Cathedral Rock élève ses cinquante-cinq mètres de grès détritique, séparés du continent par un étroit goulet. C'est un stack torturé, percé d'arches, coiffé de tourelles. Son sommet principal a été escaladé par les Afrikaners. Nous sommes peut-être les premiers à grimper sur la tourelle adjacente, côté large.

LES PILIERS DE LA MER

Six cents kilomètres plus au sud, l'océan Indien mêle ses eaux à l'Atlantique devant les reliefs du cap de Bonne-Espérance. Le stack-cathédrale exige une escalade précautionneuse sur un empilement de roches en passe de s'effondrer. La campagne est vide comme l'océan. Étranges heures d'approche silencieuse. Très peu d'âmes en ces prairies. Les rares êtres que nous croisons ne disent pas un mot. Le froissement des herbes couvre le vent.

À cent kilomètres au sud, sur les grèves de Coffee Bay, nous convoitons un îlet détaché du continent. Nous appelons « stacks-royaumes » ces masses rocheuses trop larges pour des piliers, trop hautes pour des écueils. La mer trouvant un obstacle dans sa course à la côte ourle de blanc le pied de la paroi. Une arche crève le massif en son milieu. À chaque percussion le ressac se décharge par l'orifice étroit. Expulsée, l'onde de vagues se dilate à la surface de la baie en beaux demi-anneaux d'argent. Il faut forcer ces annelures pour atteindre le stack à la nage. « Hole in the Wall », dit la toponymie, se contentant d'une description littérale.

En face, sur le rivage, de jeunes noirs brûlent des amoncellements de bois flotté. Encore ce silence de sépulcre. Pourquoi ces brasiers ? À nos questions, mutisme général. La brume de chaleur masque le stack derrière la vapeur bleue. Le ciel vibre dans les flammes.

Quand nous nous engageons dans l'eau pour rejoindre le rocher, un type accourt : « N'y allez pas. » C'est le seul mot qui s'élève de l'assemblée au spectacle.

Tout à l'heure, au sommet de la falaise, nous avons vu sauter des baleines. Deux tortues dérivent à la surface. Le feu, la vapeur, l'écume, les parois basaltiques, les bêtes des premiers âges. Dans ces visions de monde neuf, nous gagnons le *royaume* et grimpons sur son flanc sud, haut de quarante mètres, au prix d'une escalade dans la dolérite pulvérulente où les pitons s'arracheraient à la première chute.

Nous traversons le plateau sommital du stack couvert de buissons salins afin de gravir un obélisque de basalte qui en constitue le point culminant. L'immense ondoiement de l'océan s'élargit. Silence d'argent, mercure de la mer. Les stries des vagues enveloppent l'île concentriquement et meurent sur le rivage où crament les torchères.

Le soir, Tobela, fils de fermiers croisés sur la plage, nous conduit vers un autre petit stack de Coffee Bay posé comme un jouet devant la grève. « C'est l'enfant de celui que vous avez grimpé. »

Sur la piste de terre de la falaise, sept policiers armés de fusils d'assaut, cagoulés et protégés de gilets pare-balles jaillissent de leur véhicule et s'en prennent à notre compagnon. Nous aurons bien du mal à expliquer que c'est à notre demande qu'il nous a conduits ici. Ils houspillent le jeune noir. Nous réussirons à ramener Tobela chez lui avant de reprendre la route, en pleine nuit, à travers le pays où les hommes n'aiment pas se côtoyer. Où un jeune homme contemplant l'océan doit répondre du seul crime de sa présence à sept flics.

À Durban, nous sommes chez James Pitman. Nous avons retrouvé notre ami rencontré en France quinze années auparavant. Nous nous étions reconnus comme des frères du mouvement. Lui aimant tracer dans le ciel à bord des ULM de sa fabrication, moi voulant semer mon ombre sur les pistes du monde.

James est resté efflanqué comme un cavalier du Transvaal, l'œil bleu-fauve et la voix perchée. Tombé d'un toit, je claudique. Mais la passion de fendre l'air ne nous a pas quittés.

Il nous parle de son père juriste, soutien de Mandela. Et de ses affaires de construction d'ULM qui fleurissent à Durban et lui octroient la liberté de préparer son rêve. Cette nuit, dans sa villa dont les arbres cascadent vers la plage, il nous dévoile son projet : un tour du monde en ULM, sans autorisation, à la barbe de la sécurité aérienne, sous les radars, au ras du sol, qui est l'altitude de la liberté.

« *Fly illegally !* » s'enthousiasme-t-il, nous livrant là sa définition de la bonne vie.

Tirant fébrilement sur les cigares que nous avons apportés, il se confie, le sourire luisant.

Penser que l'aviation, premier rêve de l'homme-poète, est soumis aujourd'hui à la réglementation le hérisse.

Le soleil a tué Icare. L'administration l'insulte. C'est pire.

Et l'œil de James semble percer la nuit d'un éclat de colère blanche.

Il détaille sa méthode. Transpondeur éteint, volant la nuit, il passera sous les ondes de contrôle, se posera en pleine campagne.

« Éteindre les transpondeurs » me paraît un slogan parfait pour la vie buissonnière.

Il a mis au point un appareil pouvant atterrir et décoller en cent mètres et un moteur acceptant les pires carburants. « *Illegally* », certes mais en plus « *autonomously* » !

L'avion est prêt. Il en termine les essais.

Il cite Bakounine, Proudhon et Kropotkine. Il lit les romans de Tchernychevski et les traités de pilotage. Entendre prononcer les noms des anarchistes russes dans l'odeur des ficus de Durban me semble bien augurer de l'échappée de notre ami. *Illegal*, mais cultivé.

L'Afrique du Sud produit ces gentlemendesperados. Les corsaires du siècle technologique ne peuvent respirer que dans ces confins – Far South ou Far West – où les législations publiques sont approximatives.

James n'a que le mot liberté à la bouche. Il piaffe de partir. Il s'étoufferait dans la société parisienne – la mienne – maternée par des édiles qui compensent la vacuité de leurs visions par la passion de la régulation.

À trois heures du matin, le vent de la mer gonfle les feuilles des tamaris. Les mains de James tremblent. Non à cause du rhum sud-africain mais dans l'excitation de nous raconter ses plans d'évasion, qu'il appelle « plans de vol ». Dans la nuit capiteuse, flotte un paradoxe insoluble : cette commune déclaration d'amour à la liberté de vivre, nous la formulons ensemble, à voix feutrée, sur des fauteuils d'osier, au milieu d'un jardin clos de barbelés électriques, filmés par des caméras de protection. Le problème de l'homme, c'est l'homme.

Pour James, il y a le ciel, pour nous, il y a les stacks. Il y trouve ce que nous y cherchons. Nous y éprouvons ce qu'il y vit.

Le ciel et les stacks sont des possibilités. On peut y promener sa peine. On s'ébroue après l'enfermement. Voler, grimper : fuir.

« Je ne veux de personne au pied de ma tristesse », écrivait Henri de Régnier. Tout juste James emmènera-t-il un copilote. « *Illegally ! Illegally !* » répète-t-il par-dessus le chant du ressac qui monte jusqu'à nous.

Et nous quittons l'Afrique du Sud à l'aube avec un goût mitigé dans le cœur. Celui d'avoir escaladé des colonnes de la liberté, jaillies sous le plus vaste ciel qui nous ait pour l'instant baignés de sa lumière, dans le plus primitif paysage qui nous ait jusqu'alors transmis ses ondes. Mais la vision de Tobela malmené par des policiers noirs, que nous pensions naïvement les siens, nous donnait, aussitôt descendus, la violente envie de remonter dare-dare sur les piliers de la séparation. Moralité : ne jamais atterrir, ne jamais redescendre.

Ô mon Dieu, faites que ni les stacks ni le vol libre à bord des engins de James ne nous servent exclusivement à pousser les portes de la misanthropie sur des horizons vides.

Huit

La conduite des opérations

Nous grimpons des stacks de toutes sortes. De grès, de marbre, de lave ou de granit. Sous tous les soleils, dans moult mers, devant des populations d'oiseaux divers, certains à plumes bariolées, d'autres en spencer sombre, les uns au regard fou, les autres au bec en feu.

Assaut de stack tropical ou subarctique, le mode opératoire est identique. S'approcher de la falaise, descendre sur la rive, traverser le chenal, prendre pied sur le stack, le grimper, se dresser sur son sommet, dire des choses diverses, descendre en rappel, se remettre à l'eau, regagner la rive, remonter la paroi côtière. Ces agitations nous ont occupés obstinément, peuplant nos nuits de rêves et nos matinées de plans d'attaque que la journée venait en général contredire.

Le repérage

On repère les piliers maritimes sur la carte d'état-major. Ils s'écrouleront un jour. Ce sera plus noble que notre mort à nous autres, restés à terre.

On se renseigne : soit le stack a déjà été gravi par les chasseurs d'oiseaux du XIXe siècle, soit le sommet est demeuré vierge. On prépare cordes, combinaisons de plongée, pitons et marteaux, lampes si la nuit nous surprend. On part à travers lande, steppe, forêt ou collines, c'est selon.

L'approche est un rendez-vous d'amour : on a le temps de réfléchir, de s'inquiéter, de faire demi-tour. On a même le loisir de se demander pourquoi s'infliger pareilles peines pour quelques dizaines de mètres de roc. La question est inepte. Le désir balaie tout. Dans la chasse, l'appel est supérieur à la perspective des ennuis. C'est la définition de l'aventure. Peut-être celle de l'amour. « L'homme brûle de faire ce qu'il redoute[1]. » Une fois calciné, il jure qu'on ne l'y reprendra plus. À peine relevé, il repart. Quelle fatigue. Elle est préférable à la résignation.

En Écosse, à la fin du printemps, nous escaladons une vingtaine de stacks d'une seule traite. De l'île de

---

1. Les jeunes lecteurs épris de Jankélévitch auront reconnu une phrase célèbre de *L'Aventure, l'Ennui, le Sérieux...*

LES PILIERS DE LA MER

Skye à la baie de Wick : des aiguilles dissimulées dans les crénelures des Highlands. Il faut quitter la route intérieure et traverser les tourbières pour gagner la ligne de côte. On marche parfois cinq heures dans les bruyères cuivrées. La terre dégorge. À chaque pas, un bruit de glotte. Une perdrix s'envole. Le paysage suinte. On gagne le bord de la falaise, la mer approche. On ne la voit pas encore. Les mouettes crient, les herbes sont folles. Même le vent ne semble pas savoir ce qu'il fait. Soudain, une odeur de chair morte : c'est elle. Au bord du vide, la mer. On découvre le stack : pincement au cœur ! Un totem veille devant la côte, sévère. Peut-être méprise-t-il cette masse continentale. Il ressemble à la borne ultime avant le grand large. « Au-delà de cette limite, un humain n'a rien à faire. » De larges oiseaux planent. Que surveillent-ils, ces croque-morts ?

En général, la première vision me déprime. Je trouve le stack trop austère, lointain ou trop haut, ou bien son chenal infranchissable, ou la roche trop fragile, trop raide, trop dangereuse, trop surplombante, hostile en somme. Heureusement, le temps de mâcher mes prémonitions, du Lac a déjà déplié les cordes.

LES PILIERS DE LA MER

L'approche

Reste à descendre pour gagner la plage d'accès. « *Storm beach* », écrivent les Britanniques sur les cartes pour désigner les échancrures des falaises. Les phoques s'y prélassent. Les déchets s'y amoncellent. Dans les romans anglais du XIXe siècle, des naufragées tentent de les atteindre à la nage, vêtues de longues robes, ce qui n'est pas commode.
Parfois, il faut équiper la paroi de cordes afin de descendre sur le rivage. On dérangera à peine quelques oiseaux de falaises nichant au-dessus de leurs coulures blanches. Mais d'autres fois un zigzag dans le talus mène à la plage, emprunté par les chèvres sauvages ou les pêcheurs de coquillages. D'autre fois encore, le stack sera dressé devant une grève facilement accessible et même desservie par la route.
Charge à nous de traverser le bras de mer, à la nage, en barcasse, en canot, comme on peut. Combien de fois avons-nous gonflé notre esquif – un kayak (« biplace », disait l'étiquette !) – à même les galets avec l'impression que nous avions déclenché un engrenage du destin dont les coups de pompe scandaient le décompte. On a pris la décision, rien ne nous arrêtera. Dût-on marcher vers le pire. Se met en branle une inéluctable chaîne de gestes méca-

niques. J'appelle « passage de la ligne » ce cliquettement psychique. L'accomplissement automatique des manœuvres exclut l'hésitation. « Le stack ou la mort » : c'est surtout dans les yeux de jais de Du Lac que je lis ce genre de devise. Moi, j'ai parfois une furieuse envie de faire demi-tour et je bénis le ciel d'avoir ce compagnon à suivre.

Le stack s'élève, plus ou moins loin des rives. À une centaine de mètres pour l'aiguille d'Étretat, à cinquante pour les pointes de Belle-Île ou les stacks de la baie de Donegal en Irlande. À plusieurs kilomètres de la terre ferme dans les îles Éoliennes, au nord de la Sicile, où il faudra recourir au service d'un pêcheur qui nous conduira à bord de sa barque.

Dans l'aube humide d'un jour de juin, sur l'île de Papa Stour, à l'ouest des Shetland écossaises, nous mettons le kayak à l'eau sur une grève de rochers ronds, à un kilomètre de distance d'un stack de lave de quarante mètres de haut. La mer est un satin gris perle. Le vent s'est arrêté. Trois orques déboulent à la chasse dans la crique. L'obsidienne de leurs échines luit en lentes courbes : trois poignards fendent l'eau. Les phoques fuient dans des gerbes. Nous partons quand même. Par un effet de renversement des hiérarchies de la menace, le stack qui demandera pourtant une escalade périlleuse paraîtra une épreuve avenante. Dans l'ordre de l'effroi, rien de pire que de pagayer avec l'idée qu'on pourrait servir de zakouski au Léviathan.

Deux fois nous avons battu en retraite. Au cap de Whiten Head, au nord de l'Écosse, après avoir marché cinq heures dans la tourbe et descendu un versant d'herbe de deux cents mètres, lisse comme un tweed, nous nous mettons à l'eau dans le boutoir des vagues. On entend les blocs s'entrechoquer dans le ressac. À cent cinquante mètres, deux stacks, sceptres de grès blanc devant une étendue de sanglots : la mer brisée. Nous voulons grimper celui de droite où mourut l'Écossais Tom Patey, anarchiste à gueule carrée qui avait intégré comme médecin une unité de commandos. Écrivain, il avait compris la poésie du stack. Il avait gravi les montagnes du monde mais revenait sans relâche s'échiner sur les piliers de sa côte natale. Pionnier des années soixante-dix, il s'attaquait aux stacks les plus inaccessibles avec des principes de beatnik : désinvolture et pull de laine. Il avait vaincu celui devant lequel nous nous présentons, cinquante années auparavant, avant de mourir dans la descente en rappel. Quand on tombe d'un stack, au moins la stèle est-elle déjà dressée. Ce matin-là, donc, nous rendons hommage au fantôme de Patey, clochard des mers célestes. On nage dans l'eau glacée en dérangeant les phoques. Au pied du stack, nous sommes refoulés par un courant violent. Combien de temps luttons-nous ? Vingt ou trente minutes dans l'eau hachée. Les sacs étanches nous alourdissent. On s'affaiblit. La mer refuse, comme le vent. Pourra-t-on revenir ? Le courant tire hors de la baie où s'ouvre le néant appelé « océan Atlantique ». Nous regagnons la grève à grand-peine. En haut, sur le plateau, nos amis ont construit un feu avec les piquets d'une clôture à moutons abandonnée. Nous nous réchauffons à ce foyer, méditant sur la dignité des grimpeurs et le jugement des stacks qui laissent mourir certains de leurs prétendants quand ils ne permettent même pas aux autres de les approcher.

Il y a de cela dans la quête : l'incertitude de la réussite, le plaisir, une fois rentrés, de n'être pas tombés, l'espoir, sitôt couchés, de repartir encore. Pourquoi la ritournelle ne s'arrête-t-elle jamais ? Qui a déclenché le tourniquet de l'homme ? Le stack pendant des années fut notre joyeuse ordalie. Et nous tentâmes plus de cent fois de jouer à ce jeu de la tour interdite.

Le contact

On parvient au stack. Sa masse entière emplit le ciel. Tout à l'heure, l'objet de nos envies n'était qu'une colonne dans la mer. Il occupe à présent l'horizon. Inéluctablement, le désir conduit au pied du mur.

LES PILIERS DE LA MER

Vient alors l'opération la plus délicate : prendre pied sur le socle récifal plus ou moins affleurant. Les soldats des unités spéciales, entraînés aux opérations amphibies, appellent « changement de milieu » l'exercice consistant à jaillir de la mer sur la terre. La difficulté réside dans la contradiction des biotopes. Les contraires s'attirent peut-être (Héraclite le croyait, les modernes le pensent), mais l'homme, en vérité, renâcle à jouer la navette. Demandez à un Breton s'il goûte la vie dans les edelweiss ou à un Eskimo si lui plairait la moiteur des hibiscus sous le vent ! Les crabes, eux, excellent à ces contradictions. Dans l'eau, sur la roche : toujours contents. Maîtres partout, ils plongent, nagent, grimpent. Mais nous autres, les hommes, ne sommes point des crabes et frétillons médiocrement sur les rochers visqueux.

Il faut *bondir* dans un effort *explosif*, disent les commandos des opérations maritimes. S'ils m'avaient vu ramper hors du kayak ou sauter de la barque pour m'écraser dans le varech, ils auraient revu leurs expressions.

Dans l'ordre biologique, le miracle amphibie est advenu bien avant l'invention des nageurs de combat, il y a quatre cents millions d'années. Ce fut l'origine de tout ce qui, depuis, prospère et meurt à la surface du globe. Nés dans les eaux primordiales, des vertébrés sont sortis de l'eau pour aspirer l'air libre. Quel mouvement divin : soudain, le souffle !

Cette poussée mystérieuse inaugura la ramification des êtres terrestres.

L'événement inspira la mythologie. Les Grecs antiques appelaient *anadyomènes* les divinités de l'océan dressées dans le soleil. Ces créatures – peau de nacre, cheveux d'or, formes parfaites – représentent dans l'ordre divin ce que le stack est dans l'ordre géologique : nées de l'eau, offertes au ciel. Les peintres de la Renaissance ont représenté des déesses, sorties d'une coquille ou d'une vague, vêtues de leur chevelure. Dès que je prenais pied sur le récif d'un stack, je pensais à Botticelli. Du Lac, pourtant, en combinaison moulante, avec son gilet de sauvetage turquoise, son crâne chauve et son gros sac étanche, ne ressemblait pas trop à une Vénus anadyomène. Mais l'imagination triomphe toujours du cauchemar et le principe était le même : passage d'un milieu à l'autre, de l'iode au photon. Entre les deux, on se faisait ratatiner par le ressac.

Parfois nous ne maîtrisions pas le *changement de milieu*. Dans le nord de l'Irlande, sur l'île d'Arranmore, des vagues de deux mètres nous propulsent sur le stack. Approche en kayak dans une houle mâchée de rafales, à deux kilomètres au nord du phare de Rinrawros. La mer s'en prend à la côte ce matin-là. Nous comptons que l'orientation de la baie nous protège des courants. Mais le pied du stack est harassé d'écume. Soudain, sans m'en rendre compte, je suis à l'eau. Une corde me relie à l'embarcation. Une deuxième vague me soulève et me plaque sur la plate-forme. Je m'agrippe aux coquillages en me coupant les doigts pendant que la mer se rétracte avec des passions de ventouse. Je tends la corde derrière un saillant de roc. Du Lac réussit à prendre pied sur le socle sans lacérer l'embarcation, ni sa peau. Nous gravissons en deux heures les quarante-cinq mètres du stack après avoir pris soin de suspendre le kayak à un piton, au-dessus de la crête des vagues, afin qu'il ne soit pas déchiqueté. Il faut hurler pour s'entendre. Je contemple sous mes pieds le pilier dans l'écume. Parfois un coup de boutoir fait vibrer le stack et je me dis que tout à l'heure, il faudra se remettre à l'eau dans cette mousse aberrante.

Ainsi de la méthode amphibie : on quitte le tourment de la mer pour la folie de l'escalade. Puis retour. Et je me souviens de ces journées oscillantes entre le soulagement de jaillir de l'embarcation à bord de laquelle j'avais éprouvé mes pires frayeurs et le plaisir d'y retourner après avoir grimpé dans l'angoisse.

« Un milieu n'est jamais juste. Se souvenir d'en changer toujours. » C'est ce genre de phrases que je note, le soir, au bivouac, dans mes carnets, sans me rendre compte que les tentatives de précipiter les événements du jour en quelques mots ne sont que le pauvre moyen d'opposer la vanité des formules aux gifles magnifiques de la vie de plein vent.

L'escalade

Une fois le pied du stack atteint, alors même que j'ai l'impression d'avoir accompli pour la journée entière ma part de fatigue, tout commence. Il faut se débarrasser de la combinaison de plongée, s'encorder.

La nature de la roche déterminera la difficulté de l'ascension. La lave de Tasmanie est dure comme le diamant. Le calcaire de l'île de Zante en Grèce est lavé comme le marbre par l'éternelle averse de la lumière. L'argile de l'estuaire du Saint-Laurent, au Québec, forme des stacks tendres comme les cannelés de Bordeaux, impossibles à grimper. Quant aux plissures de schiste de la côte irlandaise, elles créent des piles branlantes. Après tout, *stack* signifie « empilement » en anglais et il y aurait mauvaise grâce à reprocher à une forme de relief de correspondre *exactly* au terme qui la désigne.

Rêvons un peu que les stacks se réveillent de la dormition. Ils s'aligneraient, armée de fantassins délivrés du sortilège. On les passerait en revue. Les Grecs seraient de joyeux myrmidons nimbés de photons ; les stacks de Polynésie, des dieux de la colère grêlés de plaies ; les stacks irlandais, des morts-vivants obscurs échappés d'un tumulus celtique dans des écharpes de mousse.

Aux Philippines nous venons à bout d'un petit stack de douze mètres en quelques minutes, mais aux Marquises, il nous faut la journée pour vaincre les deux cent trente mètres de paroi. L'empreinte du souvenir n'est jamais proportionnée à la durée de l'effort. Ni à la hauteur du but, ni à la difficulté du geste.

Petit obélisque de granit italien ou colossale torchère du Pacifique, le sommet du stack est toujours une frontière miraculeuse. En débouchant dans le ciel, à la *fine pointe* de l'instant et de l'espace confondus s'opère la magie.

L'ascension sur les tours de la mer garantit l'illusion. Sur le stack, rien de laid. On a soustrait le temps à sa fluctuation. On se dresse, à l'équilibre du danger. On reste immobile, le corps prolongeant la colonne dans son axe exact. On est ébahi d'avoir atteint le sommet, inquiet d'en descendre, conscient de l'absurdité de la position, de l'inutilité de l'effort, de la stupidité du projet, mais heureux de se tenir là où personne ne vient, où personne n'est jamais monté, où l'action de l'homme n'est pas résumable à son utilité, ni régie par la règle commune, ni réductible à la statistique.

Pour le dire autrement, aucune intelligence artificielle ne recommandera jamais de grimper sur un stack. C'est un acte stérile, harassant et vaniteux. Mais de celui-là, je me souviendrai à l'instant de mourir.

Les stacks abritent des colonies d'oiseaux. Au XIXe siècle, les habitants des immeubles parisiens se répartissaient selon un feuilletage de classes précis : en bas les bourgeois, en haut les soubrettes. Depuis, l'Histoire a rebattu les cartes : le Chinois tient échoppe au rez-de-chaussée, le hipster est sous la soupente, le Airbnb au milieu.

Sur la falaise, les cormorans se sèchent au ras de l'eau. On dirait des prêtres après le bain. Plus haut nichent les guillemots (smoking pour tous) ; au sommet, les macareux (retour du carnaval) ; au milieu, les fulmars (parure de nacre). Ne tirons de ces observations ornithologiques aucune remarque sociologique.

Les chasseurs d'œufs des siècles anciens s'intéressèrent à l'escalade des falaises maritimes et commencèrent à se suspendre aux cordes dans les parois salées. On trouve trace de ces acrobaties dans les romans de pirates et les gravures du XIXe siècle.

Je croyais que les stacks tropicaux seraient peuplés de bêtes. Mais il n'y a ni serpents ni araignées sur les stacks d'Asie, ni même de l'île de Pâques. Ou alors, nos yeux sont trop préoccupés à chercher la bonne prise pour y repérer les occupants. Le principe du serpent, comme du diable, est de ne pas faire savoir qu'il est là.

Quand nous grimpons, nous effrayons quelques oiseaux. Offusqués, ils s'envolent. Ils planent, reviennent aussitôt. Nous prenons soin de l'œuf en équilibre. Les oiseaux nous en veulent. Nous passons aussi vite que nous le pouvons. On s'habitue à grimper dans les hurlements, sous une auréole d'ombres funèbres. À l'ouest de l'Irlande, des fulmars, surpris de nos reptations dans les fissures verticales, nous crachent au visage un suc gastrique qui attaque les yeux, brûle la peau de giclures dégueulasses. Puis ils s'ébattent dans un râle qui ressemble à la rage et signifie en langue de piaf : « *Noli me tangere !* »

Car le stack est l'ultime refuge, l'écueil de la dernière chance pour les oiseaux paranos et les âmes errantes, c'est-à-dire pour tout être normalement constitué. Se trouver dérangé (alors qu'on s'est radicalisé sur les bornes des confins) veut dire que la dernière défense est tombée devant l'assaut du monde.

Vous avez donc raison, volatiles insensés, de gueuler vos indignations ! Mais rassurez-vous : nous redescendons, nous ne reviendrons pas et nous penserons toujours à vous qui peuplez les antennes du vide, ne demandant rien d'autre aux êtres vivants de la planète que de vous ficher la paix.

Le sommet

Parvenus au sommet, nous nous adonnons au même rituel. Nous le répéterons cent fois : du Lac, qui a tout risqué, fait le geste de la victoire. Moi, second de cordée, je me tiens les bras ouverts, paumes des mains vers le monde, comme lorsque je récitais le *Notre-Père*, enfant, dans la chapelle. En réalité, je ne prie plus le Père car il a désoccupé mon cœur. Mais, de mon bonheur, je prends à témoin les nuages et bénis la mer, les vagues et les rocs et les oiseaux aussi qui ne ferment jamais les yeux et les herbes couchées sur le bord des falaises et la mer qui frappe à coups désespérés pour que la Terre s'occupe un peu d'elle.

Nous restons silencieux, immobiles, quelques minutes, sur ces sommets pas plus larges qu'une table, n'osant bouger. Comme si le moindre geste ferait tout s'écrouler, tout, c'est-à-dire le château de nos rêves et son échauguette avec.

Par une étrange fusion de l'espace et du temps, tous les mois passés à échafauder les stratégies de voyage vers ces stacks lointains, tous ces efforts et ces tactiques, ont convergé ici pour se précipiter en un point précis où nous oscillons légèrement comme deux ballerines tremblantes. Le sommet devient un de ces centres d'attraction cosmique qui auraient avalé toutes les périodes précédentes et compressé l'histoire que nous bâtissons depuis des années à force de repérages, de préparation, de lectures, d'entraînements et de coups d'essai. Alors, nous demeurons là, goûtant la suspension des secondes, l'annulation de tout désir. Nous comprenons la satisfaction de la statue sur son piédestal : le contentement du néant.

Sur certains stacks, le sommet ne nous permet même pas de tenir à deux. À Bantham, sur le littoral du Devon, du Lac se juche au plus haut de la pointe gréseuse, lame de poignard dans le récif. Il se lève, sur un pied. Je reste un demi-mètre plus bas, enlaçant le haut du stack, plus malhabile que mon compagnon.

Mais au sommet du stack de la baie de Lipari, dans les Éoliennes, au nord de la Sicile, nous pouvons nous dresser tous les deux sur une plate-forme large comme une console. L'aiguille est une fusée. La mer resplendit de reflets mauves. Le soleil pétille dans le ciel trop bleu pour être clair. Le monde est un tableau pointilliste dont chaque point chatoie. En ce 6 mai, anniversaire de la mort de ma mère, je plante une pointe dans le cœur de la mer en offrande à mon chagrin.

Le stack est un monde à lui seul. Sur le vaisseau

encalminé, des herbes salines ont poussé. Des arbres parfois, comme sur ces stacks que nous appelons des « royaumes », en Afrique du Sud, aux Philippines. À deux reprises, en Grande-Bretagne, nous y passerons la nuit. Nous serons les hôtes d'une seigneurie sans souverain. Là est la noblesse du stack : il n'attend personne.

En réalité, ces minutes au sommet nous servent aussi à poser devant le téléobjectif de notre ami Goisque, arraché à sa ferme de Picardie, embarqué avec nous dans cette aventure de la terre et de la mer. Un de ces voyages qu'il affectionne : parfaitement agité, foutraque et dangereux. Trente ans qu'il court le monde à la poursuite de la photo parfaite. Quand il l'aura prise, il recommencera.

Il est resté des heures au bord de la falaise avec ses appareils. J'entends sa voix crachée par le talkie-walkie alors que nous brûlons de redescendre : « Le soleil va percer dans dix minutes, restez ! » Puis, quand nous serons rentrés, il nous dira d'une grosse voix : « Bravo les gars » et nous tendra un cigarillo.

La descente

Atteindre le sommet du stack constitue un bon début. On pense l'affaire close, le danger derrière soi. En réalité, il faut tout rebrousser. Descendre, se remettre à l'eau, rentrer en nageant à travers le chenal, remonter la falaise. Revenir à soi, en somme. Avant tout, la descente en rappel. Comme le dit Jules Verne à la fin d'un chapitre : « De là, grandes difficultés pour Michel Strogoff. »

Sur les stacks dont le sommet est boisé, nous accrochons nos cordes au tronc de l'arbre le plus solide.

C'est le cas à Terre-Neuve où les sapins hérissent le haut du pilier. Ces arbres sont de la même essence que ceux de la falaise d'en face. La côte en reculant a laissé trace de ce qu'elle fut. Les arbres sont le souvenir de l'ancien monde uni, avant dislocation. Depuis des siècles, ces conifères meurent sur la minuscule surface du sommet, isolés de leurs frères de la côte. Ils repoussent sur leur propre humus, en vase clos. Dans les villes, parfois, demeure une jolie façade de pierre oubliée entre deux immeubles. Dans une foule rogue, surgit un doux visage. Il signale ce que fut l'ancien temps. Ainsi le stack. « Je me rappelle » est sa devise.

Sur d'autres stacks, on se contente de poser une sangle autour d'une protubérance de rocher : la corde de rappel est passée dans l'anneau. On se pend à cette cimaise passablement fragile, à trente ou cinquante mètres de haut. Un éternuement emporterait ces tricotages. En confiant mon poids à la ficelle, que mes yeux hypnotisés regardent se tendre au maximum, me vient le murmure du psaume. Il a été écrit pour les grimpeurs de stacks : « Je mets ma confiance dans l'Éternel ». Parfois, Dieu est un nœud.

Au Vietnam, les stacks de la baie de Lan Ha sont rongés par l'action de la pluie sur le calcaire. « Phénomène d'érosion karstique », selon les géologues qui se fichent du destin des grimpeurs de piliers. Le sommet est hérissé de couteaux aiguisés. On accroche les cordes autour de ces lames, veillant à ne donner aucun à-coup, de peur de trancher vif.

Au pays de Galles, sur la côte du Pembrokeshire, nous prenons la précaution de grimper avec un pieu de bois ramassé sur la plage. Nous le plantons au sommet, dans la terre accumulée par le vent, mêlée de plumes et d'herbes, et nous descendons les quarante mètres du rappel accrochés à cette imitation primitive du pilotis vénitien et pas trop sûrs de la solidité de l'ensemble.

Au sud des îles Shetland, au cap Horn, sur les sommets pulvérulents des Highlands, martyrisés par des millions d'années de rafales, on est heureux de trouver un affleurement de rocher (schiste pour le pire, quartz pour le meilleur) suffisamment solide pour accueillir des pitons d'acier qui arrimeront les descentes.

Mais parfois, la tête chauve du stack empêche toute fixation. Ou bien la couche de terre lessivée par le vent est trop fine pour y planter un pieu. Alors, nous mettons au point une méthode qui ressemble à l'allégorie de l'amitié. On balance la corde de part et d'autre de la colonne et chacun descend d'un côté, comptant sur le poids de l'équipier pour retenir la corde posée en travers. Le système du contrepoids demande beaucoup de confiance dans le partenaire. Que l'un soulage trop tôt la corde, c'est la chute pour l'autre. Cette technique n'a rien à voir avec la dissuasion nucléaire, annulation du danger par un équilibrage de la force. Dans le « rappel contradictoire », l'un peut entraîner la mort de l'autre sans risque pour lui-même : il lui suffirait d'être rapide, d'arriver à terre le premier et de relâcher la tension. Pour la première fois dans la triste histoire des relations humaines, « le poids de l'autre » devient une vertu.

Stratégie particulière

Ainsi, de la conquête des stacks. Pour chacun d'eux, une stratégie. Couchés sur la falaise d'accès, nous réfléchissons, scrutant le pilier aux jumelles. Ah, nous en aurons passé des heures, vautrés sur les balcons ! L'herbe est confortable au bord des océans, élastique et lavée de près.

Est-ce une perte de temps de consacrer des heures de sa vie, à cinquante ans passés, le menton dans les linaigrettes, à penser au moyen d'aborder une colonne de pleine mer ? L'écrivain Kenneth White, fondateur de la « géopoétique », donne la réponse. Ô science magnifique qui marie arts et bêtes, nature et culture, ancolie et mélancolie, et compose un chant du monde serti d'étoiles et de tempêtes. Écossais, Kenneth White a vu dans l'actualité des vagues et la migration des oiseaux des événements pas moins importants que l'alliance des sociaux-démocrates pour la conquête de la députation. Il préconise de se tenir comme le stack : *au large de l'Histoire.* En d'autres termes : observer les allées et venues du vent dans les bruyères n'est pas moins intéressant que de détailler les pathologies sociales des Verdurin dans *Le Temps retrouvé.* Mais souvent, l'homme n'en a que pour l'homme. Il se passionne pour lui-même. Ébloui de ses seules grandeurs, souffrant de ses servitudes, il néglige de regarder les fleurs. Et oublie qu'autour de lui, une mécanique inerte ou animée, atmosphérique et biologique, dresse ses fresques et développe une mythologie dont la seule observation constitue le moindre des hommages. La géopoétique s'emploie à rendre ses dévotions à ce qui n'est pas humain. Ne rougissons donc pas des heures consacrées à la stratégie du stack.

LES PILIERS DE LA MER

Nous aurons approché les uns à la nage, les autres en nous balançant comme des singes par-dessus un chenal, les autres encore à pied, par la plage, ou bien à gué, l'eau jusqu'au torse quand les socles se découvrent à marée basse, et d'autres encore en sautant de la barque qui nous y avait conduits ou de notre propre esquif lancé depuis la côte.

Il est une stratégie d'attaque que nous utiliserons uniquement aux îles de la Madeleine dans l'estuaire du Saint-Laurent canadien et sur les plages occidentales du nord de la Nouvelle-Zélande. À la Madeleine, les stacks plantent devant la falaise côtière leurs silhouettes d'argile rouge oxydée d'iode. Leur sommet est un carré d'herbe rase situé à l'exacte hauteur du plateau de l'île dont il constitue la continuation euclidienne, interrompue seulement par un vide au fond duquel l'océan baratte son écume.

Sur la piste circulaire de l'île, des panneaux : « Attention, éboulement ! » Un jour, les maisons, construites à cent mètres de la falaise, tomberont à l'eau. Les îles seront alors rendues au sable et les Acadiens, réfugiés ici au XVIIIe siècle, reprendront le chemin de l'exil, chassés cette fois par l'érosion et non plus par l'Anglais. La côte se retire, le monde rapetisse. N'oublions jamais que le *Financial Times* avait titré, le jour où un bloc de la falaise de Douvres s'était abîmé dans les eaux de la Manche : « La France recule. »

Que peut-on bien lire le soir, à la veillée, dans les *living* cossus des îles de la Madeleine, au bord des parapets ? *Effondrement*, de Jared Diamond ? Nous consultons les albums de photographies de l'archipel. Nous visons la baie de Sainte-Sophie, persuadés de trouver là le plus élégant des stacks. Nous nous approchons du rebord : la mer est vide. Le stack s'est effondré il y a moins de trente ans.

Le chasseur de stacks joue un jeu aléatoire. Il court après le sursis, arrive trop tard. Toute tour doit prendre garde. Le temps gagnera toujours la partie de la destruction. L'eau est la seule force durable de ce monde de poussière.

Explorant les îles de la Madeleine, nous découvrons d'autres piliers, nouvellement détachés. Leur muraille se désagrège à la moindre pression des doigts. Nous nous résolvons à la seule méthode possible : lancer depuis la côte une pierre lestée d'un fil de pêche. La pierre passe au-dessus du stack, retombe à la mer, côté large. On gagne le pilier à la nage, on installe une corde d'escalade en tirant sur le fil et on grimpe en contrepoids, à toute vitesse, comme deux pompiers de caserne à l'entraînement sur la corde.

Au sommet, nous sommes les premiers hommes à fouler une surface d'herbe drue de dix mètres carrés.

Le vent et les oiseaux y apportent des graines. On s'assied sur l'herbe, songeant qu'il reste des lieux intouchés sur cette Terre. Pourquoi de puissants magnats songent-ils à quitter la décharge vers les planètes du système solaire ? Connaissent-ils les stacks, ces rats en fuite ? Fouler un sol vierge procure un sentiment ambigu. Primitif et mystique. Primitif, parce qu'il y a une jouissance mauvaise à déflorer les choses. C'est la joie vilaine de l'enfant décapitant les fleurs. Mystique, parce qu'il y a là le scellement d'une allégeance immémoriale : celle de l'homme avec le sol, ritualisée par la première empreinte dans la première argile. À Lascaux, on posait sa main sur la paroi de la grotte.

Du Lac, jamais égaré dans les pensées vaseuses, a déjà sorti les cigares du Nicaragua de leur housse étanche, deux Oliva de beau calibre, de sueur et d'humus, que nous allons fumer perchés sur la colonne.

– Qu'est-ce qu'on fête ?

– C'est la première fois qu'on est les premiers !

– Mais, mon vieux, notre « monde perdu » mesure la taille d'une chambre de bonne, il se tient à trente mètres de la côte ! On y est montés à la corde. Il appartenait à la masse insulaire il n'y a pas si longtemps. Une Acadienne à la promenade a dû le fouler récemment !

– Et alors ? C'est la conquête de la lune du pauvre.

Le grimpeur de stacks n'est pas un homme difficile. Dans cette vie, on a les Everest qu'on peut, les lunes qu'on mérite. Et *d'incroyables Florides* à sa portée. Cigare !

Neuf

La trace dans le non-lieu

S'en aller sur les pointes est la seule façon de rester joyeux. Au sommet des piliers de la mer, nous avons voulu inventer une discipline, le stackisme. Un art simple comme la chute et vital comme le bain dans les vagues. C'est la gaieté d'un vieil effort dans la jeunesse du monde. La mer, des rochers, le vent, le vide : cela suffit à la chanson. L'âme s'use moins vite dans les rafales salées.

Le stackisme consiste à repousser la mélancolie en se portant aux bords du monde. On préférera partir plutôt que de se morfondre. On préférera l'iode à la bile. Le vertige à l'amertume.

Pour bien éprouver l'art de la fuite, il faut trouver des piliers solitaires, y grimper en riant et, à peine rendu au sommet, en redescendre pour recommencer. Ainsi échappera-t-on au pire des maux, la lassitude. Course d'apparence inutile, elle prémunit de la tristesse. Elle ne lui laisse pas le temps.

LES PILIERS DE LA MER

Si on l'applique à la vie quotidienne, le stackisme consiste à repérer préalablement dans l'existence toute personne, lieu, activité ou état offrant de se désarrimer de la marche commune, des injonctions ordinaires, de la force des masses. Rejoindre ces endroits fragiles, confirmer leur permanence, relever leur position, saluer leur constance, les quitter aussitôt et en rallier d'autres. Ainsi se déroule la vie de stackiste, destinée à visiter un à un les points préalablement désignés.

Une nef sombre, un cœur aimé, un poème, une clairière, une table de bois : ces *topos* appartiennent à la même géographie intérieure dont on reliera les coordonnées. Une fois dévidé, le fil dessinera un motif qui ressemblera à la liberté.

Des années à courir les stacks ! Ce qui s'appelle marcher sur les pointes. J'installe du Lac devant un planisphère. Nous tenons les comptes : nous en avons déjà escaladé une quarantaine autour du monde. De l'aiguille d'Étretat à l'Afrique du Sud. Des Calanques de Cassis au cap Horn. Depuis longtemps l'appel des piliers de la mer pulse en nos veines. Je décide de rationaliser mes moissons. Il faut imaginer une tactique. De l'ordre !

Cette année, nous passerons en revue les piliers maritimes de l'Europe avec méthode et cadence.

Et surtout à l'acmé de l'élégance : à bord de deux camping-cars.

Nous roulerons de la Grèce à l'Écosse, tâchant de gravir le plus de piliers sur notre passage. Transbordant les véhicules d'île en île sur des ferry-boats, nous relierons en un peu plus de deux mois l'île grecque de Zante au cap Wrath, au nord de l'Écosse, vivant sur les parkings, déjeunant dans les stations, pissant dans les bocages. La noble vie nomade ! Nous serons les Gengis Khan de la rocade !

Puis nous continuerons à bord des bateaux de passagers jusqu'aux îles Féroé, *via* les Orcades et les Shetland. Du Lac identifiera les stacks, établira la tactique. Goisque s'avancera sur le bord des falaises et nous photographiera. Je tiendrai la chronique. Bref, nous agirons comme nous en avons l'habitude. Depuis des années notre escouade se partage les tâches. Nous avons usé de ce mode opératoire en Algérie, en Syrie, en Afghanistan, au Mali. Nous devrions survivre à Belle-Île.

Je ne suis jamais monté à bord d'un camping-car. Je découvre avec ravissement le mariage de l'inconfort du camping avec les inconvénients de l'automobile. La vie dans un camping-car consiste à chercher pendant des heures la lampe de poche qui permettrait de retrouver les clefs de contact.

Nous avons convié notre ami Humann pour conduire l'un des deux camions et assurer la logistique. Il a vécu trente ans en Sibérie, sur les bords du lac Baïkal, où nous l'avons connu, il y a deux décennies. Puis il s'est établi en Yakoutie. Il a dormi dehors par − 45 °C, transporté des loups en hélicoptère, bu de l'antigel, épousé deux femmes russes. Il ne pourra trouver aberrant ni difficile de faire la tournée des ports avec des alpinistes. De la vie en Russie comme de l'escalade des stacks : une fois rentré, tout est plaisir.

Nous roulons des milliers de kilomètres, de terminal en quai d'embarquement, de crique en promontoire, de port de commerce en village de pêcheurs. Nous dormons dans le vent, repartons dans la pluie. Les phares balaient nos nuits. La mer berce nos heures. Nous marchons dans les landes vers les stacks de l'horizon : nous vivons pour eux. Ces mois formeront une longue traînée d'espoir et d'effort par les champs et par les grèves, comme le disait Flaubert de son voyage à pied sur les rives de Loire et le rivage breton. Pour nous ce sera vers les falaises solaires et par les villes de suie.

Je pense aux clochards de Kerouac, livrant leur corps au mouvement, maigrissant dans la crasse et cherchant le soleil dans les giclées de drogue. Nous n'avons rien de beatniks, sinon l'envie de nous équarrir le corps dans le sel, de repartir sans cesse chercher non pas le flash des opiacés mais la lumière du vertige en échappant à l'ennui sur une tour effondrée.

Nous ne prenons surtout pas de « jour de repos ». On risquerait de s'épuiser dans les lectures.

Je pense aux chevaliers d'Arthur s'enfonçant dans la forêt pour « la prouesse et l'aventure », comme ils le chantaient, entre deux donjons, entre deux dames à délivrer, sous les voûtes magiques.

Parfois, nous marchons huit heures aller-retour dans les tourbières afin de nous jeter au milieu des phoques vers des rochers inexorables et, le soir même, sommes de nouveau à bord des camions, roulant dans la lande vers une nouvelle tour.

Mieux que Kerouac, Apollinaire a décrit cette fuite éperdue de l'homme sur la terre, abandonné du ciel, échappant à sa propre inconstance : « Je chante la joie d'errer et le plaisir d'en mourir. » Tout plutôt que l'ennui, c'est-à-dire le face-à-face avec soi-même.

Au-dessus des couchettes des camions, les ingénieurs ont pensé à ménager de petits espaces pour serrer des livres. J'ai pris *Hamlet* et *Gargantua*, parce que je vois un stack dans tout souverain dérangé.

Je moissonne des phrases dans les lectures et les claironne à mes amis, au café du matin, sur nos tables pliantes. Elles seront nos devises définitives pour les piliers de la mer.

Goethe : « Il n'est guère de véritables jouissances qu'au point où commence le vertige », *Wilhelm Meister*.

Michel Déon : « Nous allons dans un monde où il y aura de moins en moins de poneys sauvages », *Les Poneys sauvages.*
Spinoza : « Tout ce qui est beau est difficile », *Éthique.*
– Et toi, Tesson, ta devise du stack ? demande Humann.
– Je reprends celle que feu ma mère le docteur Tesson-Millet nous destinait, à mes sœurs et moi-même. Le meilleur viatique pour vie agitée : « Il ne tient qu'à toi. » Ô combien de fois a-t-elle résonné, la belle antienne maternelle, au bord du vide, devant un stack gallois ou italien séparé de la côte, livré à ses uniques forces, attaqué par la mer et ne comptant, pour rester droit devant les hommes massés à terre, que sur la solitude de sa solidité.
Défilent les kilomètres. Grèce, Sicile, Italie, Sardaigne, France, Angleterre, pays de Galles, Irlande, Écosse. Le camping-car s'avère commode. Les combinaisons de plongée s'égouttent, accrochées au plafond des habitacles, pendant que le matériel d'escalade sèche sur les matelas. Flotte une vapeur agréable qui rappelle les séchoirs à harengs hollandais. Humann écoute de la musique russe où il est question d'un soldat amoureux d'une fille qui est partie. Heureusement, il meurt.
Nous ne baissons jamais la garde du rêve ni la tension du mouvement. Tout juste, une fois, visitons-

nous la maison de Yeats, héros de l'Irlande libre, à Sligo, pour cueillir cette phrase ultime peinte en lettres d'or sur le mur : « Frappe tes pensées dans l'unité. » D'un commun accord, nous en ferons l'antidote de nos diffractions mentales, le baume de nos désordres physiques et l'explication de notre réunification des stacks dispersés.

Chaque jour, nous roulons, marchons, nageons, grimpons. Le mouvement est le grand pardon de l'homme. Épuisé, il devient bon. Heureusement, Dieu, en créant l'homme, sa créature du diable, avait prévu la fatigue. Au cours de ces mois, rien ne nous dévie de la quête dont l'impératif est imposé par la géologie. Notre fièvre ne doit son existence qu'à la présence des formes auxquelles elle prétend s'étancher.

Ainsi allons-nous d'île en île, de saison en château, de moulin don-quichottesque en palais de nuages, de citadelle noire en parvis de sable, d'écueil à crabes en plage à phoques, de prairie à boutons-d'or en lande d'épines, de colonne en faraglione, d'arche en aiguille, de phare en sémaphore, et seul le rêve tend le fil de l'unité de Yeats, le câble du funambule, entre les stacks, membres de la communauté des dispersés, qui ne se connaissaient pas avant que nous ne les reliions.

Pour gagner les côtes, nous traversons les campagnes britanniques. Au bord des talus, les fleurs

LES PILIERS DE LA MER

caressent la carrosserie. Nous passons par les zones du désespoir commercial, les échangeurs de l'apocalypse routier, approchant de nos stacks comme des amants fébriles.

Nous savons que là, *plus loin* (cette formule magique !), une vigie de la mer, intouchée par les hommes, défendue par le ressac et le vide, en sursis d'écroulement, nous lavera de sa beauté et nous susurrera la chanson des oubliés du monde qui ne veulent pas que la broyeuse des temps les entraîne dans les engrenages de la fête hideuse.

Dix

La très vive oscillation

Dans cette remontée vers le nord, le plus amusant tient dans le contraste entre les escalades gonzo et les étapes fleuries. Les jours passent à gravir les stacks. Les soirées, à s'enduire les mains de crème réparatrice (formule concentrée). Le reste du temps ? *On the road*, dans le bercement du camping-car. Goisque et Humann finissent leur nuit au volant pendant que du Lac démêle les cordes.

Sur l'île grecque de Zante, nous bivouaquons au pied d'oliviers millénaires. Combien ces arbres vénérables en ont-ils vu défiler, des soldats qui soulevaient la poussière avant même de retourner en constituer la substance ? L'homme est une ombre. Il faut s'intéresser aux choses qui demeurent. Ces arbres arthritiques sont des stacks. Le vent saupoudre la lumière dans les feuilles. Les oliviers surveillent le temps. L'arbre écoute, comme un œil. Il accumule la mémoire dans l'écorce.

LES PILIERS DE LA MER

Aux îles Éoliennes, après l'escalade de stacks volcaniques, du Lac dissout les courbatures des avant-bras à grandes lampées de vin basaltique dans des auberges de faïence. Des pêcheurs siciliens trempent des regards blancs dans le malvasia couleur de braise (14,5°). Autour d'une vaste table de bois encombrée de cruchons, nous apprenons que le président de la République française s'est converti à la symbolique politique du stack. Dans une allocution, il s'est servi du terme « monolithe ». Pour expliquer que la France ne devait surtout pas en être un. Il préfère le hub où le banquier heureux gambade entre les containeurs.

Capri, c'est jour de fête. Par notre présence, nous détruisons instantanément ce dont nous sommes venus jouir. Sur le quai, nous grossissons la file des corps rougis de chaleur, houspillés par les *ragazzi* italiens. Les visiteurs blonds et roses se réfugient autour de coupes de glace fondue. Le stack, si près, si seul, si blanc, rayonne. Son inaccessibilité lui garantit l'éternité. Tout stack est Patagonie. Le tentacule humain n'atteint pas le sommet. L'espace vient au secours du temps. Mais c'est un faux secours. Là-haut on ne restera pas. Plus qu'un refuge, c'est un point nodal où convergent les faisceaux de la continuation des temps. Comme les étoiles et les bêtes sauvages, le stack ne sert à rien dans la comptabilité de l'homme. Son existence aide à vivre. Et le

LES PILIERS DE LA MER

souvenir des quelques secondes passées à la pointe des Faraglioni de Capri nous permet de supporter d'alimenter dans les ruelles le torrent humain de la dévastation.

Les ferry-boats sont des salons de lecture. Tout juste des dames anglaises revenant de la salle de jackpot couvrent-elles d'un éclat de rire le ronronnement des moteurs. Sur les canapés de la cafétéria, nous rattrapons les retards de lecture. Paul Morand dans le *Bouddha vivant* (1927) : « Les îles seront peut-être le refuge des dernières aristocraties, alors que les continents vont être écrasés sous les masses. » Principe des îles : la possibilité d'un repli. Mais le temps s'est accéléré depuis les années trente. En quatre-vingt-dix ans, la population mondiale s'est accrue de six milliards d'individus (dont moi). C'est peut-être cela « l'homme augmenté ». Se trouvant plus nombreux, les hommes ont investi les îles où Morand voyait le dernier donjon. Dès lors, il faut fuir plus loin. Les riches ont leurs bunkers. Les sportifs visent les marges que les poètes américains du XXe siècle appelaient la *Frontier*. La pression monte. Même les confins se surpeuplent. Il faut partir encore, toujours. Restait le stack. Déjà, il ne suffit plus. Les grimpeurs y montent. On trouve des pitons au sommet. Qu'y aura-t-il après lui ? Les écueils ? Rien n'arrêtera la *marabunta*. Les derniers postes tomberont. L'avancée est inéluctable. Bientôt il y aura un droit cadastral du rocher et les pétrels seront apprivoisés. *Je suis partout* est un immonde slogan humain.

Parfois, des amis sur la route nous offrent des soirées de gaieté et des nuits de draps frais. À Belle-Île, nous grimpons les aiguilles dans une mer tourmentée. Monet les qualifiait de « rochers terribles » dans une lettre à Caillebotte. Nos amis Gélinet nous reçoivent dans leur maison de Sauzon. Lui, ancien nageur du commando de Penfentenyo, nous aide à revêtir nos combinaisons sur la plage de Port-Coton où les vagues nous disent de ne pas tenter l'approche. Nous ignorons que le schiste à inclusions de quartz est une roche inadéquate à l'exercice. Comme Monet était intelligent de peindre les stacks plutôt que de les grimper ! Gélinet nous lance, en manière d'encouragement, au moment où nous entrons dans la mer : « Au commando on se répétait *Fight and forget*, vous n'avez qu'à penser *Climb and forget.* »

D'autres fois, en Grande-Bretagne, nous nous accordons des nuits de délices dans des cottages pervenche cossus comme des cercueils. On les dirait aménagés pour le *Psychose* d'Hitchcock. À Belfast, au cap Wrath, dans des maisons au style « Miss

Marple[1] », nous fourbissons les stratégies d'assaut des prochains stacks sur des tables chargées de services à thé à l'effigie du roi. Étrange sensation, au réveil, de porter le portrait de Charles à ses lèvres. Nous comprenons le succès de la marine anglaise : il n'y a pas trente-six solutions pour fuir le cauchemar du *home sweet home* britannique. On signerait n'importe quoi dans l'espoir d'un naufrage au cap Horn. Pour nous, urgence de nous en retourner sur un stack hamlétien. Tout plutôt qu'un pancake au sirop sur cette nappe à fleurs où dort le chat obèse.

Certes, la croisière du stack ménage peu de rencontres. L'écueil ne favorise pas le contact. Mais parfois, un miracle. Surgit sur le chemin le reflet vivant du stack escaladé. C'est l'effet miroir de la géographie. Au bord des falaises de l'ouest, là où l'on ne peut pas faire un pas de plus, vivent des hommes de la bordure qui regardent la brume et ne craignent pas le vent. Je me souviens de Keith sur la plage d'Orbost, île de Skye, où nous débarquons en kayak sous la pluie, après avoir escaladé les soixante mètres de la belle aiguille noire de Macleod's Maidens. Au retour, il nous a fallu remonter huit kilomètres de mer en ramant face au vent.

---

1. Les collégiens se souviendront de la digne enquêtrice inventée par Agatha Christie.

Nous touchons la grève, frigorifiés. Keith descend de son camion dans un pull en haillons pour nous aider à accoster. Il possède la ferme de la baie et administre les milliers d'hectares de landes pâturées. « J'avais un troupeau de cent vingt têtes, j'ai eu un infarctus, je vis avec une valve en veau. J'ai gardé dix vaches Highlands. Ma valve tient, mon fils est là, mes jours sont mon festin (*my feast*). » Keith tient debout, jouit de respirer. Peu lui chaut le reste. Un stack.

Aux îles Féroé, on donne aux stacks le nom de *drangur*. Au village de Bøur, Jens apprend que nous avons escaladé un *drangur* de cent trente-quatre mètres et que la descente fut périlleuse sur les rochers de pluie. Il nous invite à l'anniversaire d'un de ses amis, face aux piliers qui ferment l'horizon. Dans la grange aux bateaux, les hommes sont en veste brodée à boutons d'argent. Les femmes chantent des hymnes de la mer. On dirait des statues. On n'ose pas s'approcher du marbre. Dehors, les jeunes gens boivent en silence des alcools brutaux assis sur les plats-bords des barques de bois sombre. Dans la baie, la lumière ne meurt pas. Ordre du jour : la mer, les *drangur*, la nuit qui ne vient pas. Jens nous apprend à coincer la chique entre la dent et la gencive et nous conseille de l'humidifier avec de l'aquavit.

– Une sorcière a oublié son chapeau sur le stack que vous avez grimpé, dit-il.
– Tu mens, mon vieux, on n'a rien vu, dis-je.
– Elle sera passée le reprendre.

Onze

Le biotope de la liberté

Nous errons de stack en stack. Qu'est-ce qui les unit ? Ils puent la mort salée, flamboient dans la mer, incarnent la liberté. Aucune loi ne régit leur accès, à part en France. Les gendarmes arrêteraient quiconque escalade l'aiguille d'Étretat. Ailleurs, rien ne s'oppose à la chute.

Nous aurions pu peindre « Zone franche » sur un panneau. Nous l'aurions fixé au sommet des stacks. Nous ne l'avons pas fait. Le drapeau sur lequel est inscrit « Liberté », on le plante, la liberté s'en va.

L'administration centrale ne s'est pas encore penchée sur les stacks. Cela viendra. Prochaine étape de la bureaucratie triomphante : des parapets au sommet des montagnes, des rideaux au ciel, une vidange anti-reflux sur la plage, et sur le stack, un microphone pour surveiller les conversations.

À chaque fois que nous allons au stack, j'éprouve

une joie de mioche. Sur la grève, préparant les cordes, nous nous sentons le corps et l'esprit traversés d'un picotement où se mêlent l'impatience du jeu, la gaieté du danger, la désobéissance innocente, la beauté des lieux, la gratuité de l'effort, la symbolique inconsciente et la peur aussi devant la sorcière transformée en rocher. Quel difficile jeu d'enfant ! Du Lac a l'air d'un gros bébé en combinaison de baigneur 1900 au pied de la Tour infernale. Enfants, on nous a trop dit comment nous tenir, qui prier, quoi lire et à quelle heure. Le stack est la revanche de l'ancien enfant sage.

C'est étrange, l'esprit de liberté : il souffle sur le stack, fouette la mer de rouleaux blancs et démange les jambes. Le paysage semble aussi excité que nous !

Les stacks contiennent un monde. L'arche s'est encalminée sur un haut-fond. Dans les latitudes extrêmes, des bêtes marines dorment à leur pied. Au cap Raoul, sud de la Tasmanie, en bas de l'échine d'orgues basaltiques qui s'effilent vers le large, on entend la douleur des phoques. Ce n'est pas croyable, la souffrance des gros ! Aux Féroé, des léopards des mers patrouillent dans les douves entre la côte et le stack. On rend grâce aux amis qui viendront nous chercher en canot : on n'aimerait pas revenir à la nage. Toujours les oiseaux par centaines s'alignent sur leurs perchoirs. Ils laissent au sommet les reliefs des festins : pattes de crabe, coquilles d'huîtres.

LES PILIERS DE LA MER

Parfois un squelette de mouette plus momifié que putréfié. En Irlande, des cloportes montent la garde sur un stack, à cent mètres de la côte. Ils doivent appartenir à une très vieille souche et se sont reproduits depuis la séparation. Nous escaladons dans un bestiaire. Jamais un rat cependant. Ni un homme bien entendu.

Au sommet, botanique ! Le stack porte un Éden intact. En Écosse tremblent les trèfles pâles gorgés de sel. À Terre-Neuve, nous accédons au sommet d'une colonne de soixante mètres couvert de six sapins serrés comme des couteaux dans la mousse. À Zante, un pin parasol a colonisé le haut d'un petit pilier de vingt mètres, embaumant l'air de résine et maculant la corde de sa sève. Ses racines fouissent la moindre saillie. Son houppier acidulé par le soleil coiffe le sommet. Aux Shetland, l'herbe iodée fait un matelas divin. Couchés sur le dos, on fume en crachant les bouffées dans les nuages. Ma colonne vertébrale cloutée de plaques bénit les coussins de plantes salines. Au Vietnam, des forêts de branches élastiques débordent sur le vide. Comment les araignées ont-elles pu accéder ici ? Et nous ?

Une seule fois, un petit serpent, aux Philippines. Il a l'air d'avoir suffisamment de problèmes pour que nous songions à avoir peur.

Aimables jardins ! Ils ont le raffinement des bouquets séchés sous les globes de verre que nos

LES PILIERS DE LA MER

grands-mères lavande collectionnaient jadis sur les consoles du XVIe arrondissement (sud). Le stack est un guéridon.

Du Lac arrive toujours le premier au sommet, privilège du guide. Il a pris tous les risques. Sur la centaine de stacks grimpés, la moitié étaient inconquis. Fouler un mètre carré intouché sur la surface de la Terre est un luxe. L'homme, partout, se répand. À présent, il lorgne vers le cosmos et veut faire des planètes la vidange de la Terre. Incapable de vénérer les euphorbes, il s'excite sur les nébuleuses. Il délaisse la loupe pour le télescope. Il rêvasse à l'inaccessible au lieu de préserver l'immédiat. Le stack, lui, offre dix mètres carrés de sommet. *Hic et nunc*, avec le vide autour.

Là-haut, je regarde avidement mon royaume. Nous pouvons faire trois pas, parfois dix. Sauf sur les stacks-royaumes aux vastes plateaux sommitaux. Là, on pourrait jouer au rugby. Il n'y aurait qu'un seul drop.

Un jour, au sommet d'Am Buachaille, stack emblématique des Highlands écossais sis à cent mètres de la côte et séparé par un profond chenal, nous restons quinze minutes sans accomplir le moindre geste, sans oser dire un mot, béats, knock-outés de vent, aveuglés de lumière et détrempés d'embruns. Comment Armstrong a-t-il réussi à prononcer une parole en arrivant sur la Lune ? Notre ivresse est une jouissance d'empereur contemplant son territoire. Certes, le nôtre n'est qu'un mouchoir de poche. Il faut le quitter déjà. Si la marée fermant l'espoir du retour ne nous avait pas intimé de redescendre en rappel, nous serions restés jusqu'à la nuit.

Au sommet, l'œil découvre l'horizon, le visage reçoit le vent. Ces instants creusent en moi des marques indélébiles. « Demeure, instant, tu es si beau », dit le Faust de Goethe. Vœu impossible, pensée morbide, car rester, c'est mourir. À peine en haut du stack, nos yeux cherchent déjà les blocs où fixer les cordes de descente. Malheur de la course perpétuelle. Quand cessera-t-elle ? Je rêve parfois à la fin de l'errance. Après trente-cinq ans de circulation générale, de largages impulsifs et de lignes brisées, il me prend des fantasmes de chaise longue. Ah, comme j'aimerais un quai d'arrivée où m'installer enfin ! Je m'y essaie parfois. Mais très vite l'aiguillon me blesse à nouveau le dos.

– Pourquoi la minute du sommet est-elle si marquante ? dis-je à du Lac.
– Parce que nous sommes seuls.
– Là où personne n'est allé.
– Où personne ne viendra, dit-il.
– Il faut partir déjà.
– Sans rien laisser.
– On ne reviendra pas.

Douze

La conquête du monde (du pauvre)

Un jour, nous décidons de rester sur le stack. En novembre, dans le printemps austral, sur la côte de Taranaki en Nouvelle-Zélande, nous abordons une rangée de stacks argileux, aux sommets feuillus. Alignés dans le contre-jour, ils forment un rang de chicots sur la plage basaltique. Au pied des volcans, l'écume raye le sable noir. Le paysage est vaste comme la folie. « Un sanglot rôde et court par-delà l'horizon. » C'est pour cette côte en deuil et non la plaine de Beauce que Péguy aurait pu faire ce vers. Au sud, à deux mille sept cents kilomètres, l'Antarctique vêle ses glaces. Personne ne pense aux pauvres stacks.

Ma jeune amie Catherine Van Offelen est venue nous rejoindre avec ses cheveux roux, ses yeux vert malachite, ses gestes d'aigrette et son nom de gâteau flamand. Elle a les doigts si longs et moi les mains si grosses ! On voudrait être le lévrier

afghan qu'elle caresse sur sa méridienne au pied d'une harpe. Bref, la simplicité.
Elle n'a jamais grimpé un stack mais vient de traverser deux hémisphères. Ne parlant pas le flamand, nous l'appelons CVO. J'aime à croire qu'il s'agit de l'acronyme de Cariatide Vestale Odalisque. Mieux que Chiendent Vipère Ortie. Elle arrive du Kazakhstan où elle couvrait pour la presse française une conférence internationale sur les nouvelles technologies. Le gouvernement kazakh s'enthousiasme : « créativité et connexion » ! Les stacks de Nouvelle-Zélande répondent : « tristesse et beauté ». Choisis ton camp, camarade ! Elle est venue.

– J'ai une idée, dis-je. Restons sur un stack toute la journée. Laissons-nous coffrer par la marée.

– Pour quoi faire ? dit CVO.

– C'est raisonnable, dit du Lac.

Sur l'immense plage aux reflets d'obsidienne, nous repérons un stack de vingt-cinq mètres de haut, détaché à cent cinquante mètres de la paroi côtière. Sa face orientale est accessible à marée basse. Nous gagnons la plage à l'aube par des prairies grasses dont le biseau crève la ligne de falaise et s'incline jusqu'à l'estran. Deux heures plus tard, le stack sera entièrement enveloppé par la mer, mais nous aurons déjà atteint le sommet. La paroi siliceuse est pulvérulente. Les prises cassent sitôt saisies. Du Lac fait une tentative, s'élève d'un mètre, tombe. Comment ce sucre ne se dissout-il pas dans l'océan ? Nous gravissons le pilier après un lancer de corde par-dessus les arbustes sommitaux et restons là-haut de dix heures du matin à cinq heures du soir.

Personne n'a jamais marché sur cette plate-forme. Nous y jouons le jeu bouffon et solennel de la conquête d'un monde.

Défricher une terre vierge demande une déférence absolue et une concentration totale. Le sommet mesure cinq mètres de largeur sur dix de longueur. Il se hérisse d'une maigre végétation aux branches souples. Arrivé le premier, du Lac « prend possession » de la terre suspendue.

La marée monte. Les vagues font trembler le stack. Toute ma vie, j'ai aimé les propositions de repli hors du monde. Les Cathares de l'Occitanie, les carmélites de Bernanos, les bodhisattvas des grottes tibétaines, les héros de Massada (aujourd'hui comme hier), les déglingués de Montségur, les affamés des kraks syriens, les perturbés des Météores, les arthropodes troglodytes : toute tentative de disparition m'attire. J'ai pourtant été élevé dans une famille humaine fort civile. Que de paroles, que de lumière dans le castelet de mon enfance ! Le théâtre passionnait mon père, la politique le galvanisait. Il voyait dans la mise en scène une conduite de l'homme et dans la politique, une comédie de bouffons. Ma mère,

LES PILIERS DE LA MER

médecin, sauvait les hommes et fit trois enfants en lisant Malthus pendant ses grossesses. Quel bain humain ! Et quelle mousse dans le bain ! Moi, je rêvais d'insectes et de nuits dans les bois. Je contredisais Freud : je craignais ma mère, aimais mon père, assez peu mes semblables et pas du tout moi-même. Je ne grossissais pas. Dans un pudding, seul m'intéressait le grain de raisin déchaussé du gâteau. Parcours banal : enfant, on se rétracte et à cinquante ans, on finit sur un stack dans la mer des antipodes. Sept heures, c'est long. Mais cinquante mètres carrés stériles sont plus utiles à l'âme qu'une capsule connectée. Et c'est le prix du stack : il ne se passe rien, il faut plonger en soi. Nous restons au sommet à l'ombre d'un laurier flasque. Pas une mouche, pas un ver. Même la vie végétale s'ennuie. Épargnées de toute menace, préservées de la dent des herbivores, les plantes poussent sans épines, ni même écorce, à peine vernissées, monotones. N'ayant pas à combattre, elles n'ont rien à défendre. La pureté n'est pas dangereuse. Mais elle produit de la salade verte.

Je connais ce madrigal de la Renaissance : « Rochers inaccessibles, Que vous êtes heureux, De n'être point sensibles, Aux tourments amoureux. » Oui, stacks inaccessibles, vous serez épargnés. Mais à refuser les larmes et le sang, vous choisissez la vie du brocoli. En d'autres termes : emmerdement total.

– Si on inventait une Constitution pour ce stack ? dis-je.

– D'abord, le baptiser, dit CVO. Je propose « Ithaque ».

Le nom se justifie : il y a la mer autour, nous avons voyagé, on s'y ennuie davantage que partout ailleurs. Va pour Ithaque.

Nous dessinons un blason. Un stack coiffé d'un arbre, flanqué à gauche d'une plume taillée, à droite d'une corde d'alpiniste minutieusement lovée. Trouver une devise nous occupe une heure entière. Je propose l'alexandrin des *Châtiments*. Une fois de plus, Totor (autrement appelé Hugo) vient à la rescousse avec une formule : « Et s'il n'en reste qu'un, je serai celui-là. »

– Trop vaniteux, dit CVO.

– J'y suis, j'y reste, propose du Lac.

– Un peu vulgaire, dit CVO.

Je trafique la devise des moines de la Chartreuse en remplaçant la croix par le stack :

– Le stack demeure pendant que le monde tourne.

– Trop solennel, dit CVO.

Elle penche pour la devise du clan Douglas : « Jamais arrière ! »

– Abscons, dis-je.

Finalement, après avoir hésité entre la devise du général Bigeard, « Être et durer », et le vers d'Apollinaire, « Les jours s'en vont, je demeure », nous composons un slogan de synthèse : « Libre, je reste ». Les heures filent, la marée décroît, l'ombre s'allonge, le ressac frappe, le soleil brûle. Nous grillons les cigares du Nicaragua en nous félicitant de connaître un de ces lieux du monde que, jamais, aucun arraisonnement de la puissance publique ne viendra souiller de directives : *Pour votre confort et votre sécurité, faites ceci, ne faites pas cela, passez par là, tournez ici, faites demi-tour, n'approchez pas, ne dites pas cela et surtout, n'éteignez pas l'écran.*

Que s'est-il passé ? La masse humaine a prospéré. Au XXe siècle, la multitude a contraint nos administrations à légiférer sec. Trop de monde ? Règles partout !

La digitalisation de l'humanité s'est accompagnée d'une immense entreprise de contrôle protocolaire des comportements. En cinq décennies de connexion planétaire, l'homme s'est trouvé scruté. Les faits et gestes ont été archivés. Les données étudiées. Les études ont conditionné des habitudes. Elles sont devenues des directives.

Les libertés de détail, selon la formule de Tocqueville, ont rétréci. Ces petites souplesses constituaient le charme de la vie. Elles permettaient de passer le temps chaleureusement, en fumant, buvant, circulant, franchissant les clôtures, occupant le territoire, pique-niquant dans les clairières, pissant sous la lune, beuglant sur les gouttières et remontant au vent, tout cela sans se soucier de rien, avec la désinvolture pour style et l'insouciance pour philosophie. Les libertés de détail, cela n'a l'air de rien. C'est le sel de l'existence.

Paradoxalement, dans le même temps, les puissances publiques des pays développés offraient des droits métaphysiques, inédits dans l'histoire humaine : droit de choisir son propre sexe, de mourir avec l'aide de l'État, de trafiquer le gène, booster l'hormone, fissionner l'atome, croiser la cellule, greffer l'organe, congeler l'ovocyte. Pendant que rétrécissaient les coutumes, les États mettaient à notre disposition des libertés démiurgiques. Nous sommes ainsi devenus des demi-dieux, mais sous vidéosurveillance.

Or l'existence est un brasier d'instants dont la somme donnera plus tard le sentiment de la vie. L'homme passe plus de temps à rêver d'en griller une au comptoir que de remplacer ses chromosomes.

L'autorité s'immisce dans nos patries privées en nous faisant accéder à des libertés abstraites. Seule l'alcôve est encore préservée. Patience sous les draps ! Bientôt, il faudra rendre compte publiquement de nos pratiques intimes de la volupté.

Que faire ? Se cacher est impossible. Le faisceau de surveillance panoptique s'avère trop performant.

En outre, plus besoin de mirador central : les voisins sont vigilants ! On vous dénoncera.

Lutter ne sert à rien, le grain de sable n'arrête pas la marée, il se fait rouler. Reste le retrait, la liberté dans l'inaccessible. Le temps nous menace, l'espace nous sauve. Ernst Jünger le savait déjà en 1956 : « Le rebelle se retire dans l'impraticable. » Au moins, de stack en stack, dressons-nous une géographie de l'impraticabilité, donc une cartographie de la liberté.

Vivre libre ou mourir, disaient les maquisards des Glières.

Vivre libre ou descendre, croit le gardien de stack.

Treize

La fuite hors de l'immonde

L'avion sert à se rassembler. J'ai quelques heures de vol pour récapituler les nomenclatures. Dans les aéroplanes, penser à embarquer avec ses propres stylos. Les hôtesses 2.0 n'apportent plus *de quoi écrire*. « Du papier ? Il y a une fuite ? »
Donc, récapitulation.
Il y a un stackisme de l'échec, sculpté par la mélancolie. Un homme révolté veut changer le monde. Défait, il se replie. Les dieux lui disent : Tu es tombé, médite ta faillite ! Réprouvé, peut-être écrira-t-il son *mémorial* sur une île. Le danger alors sera de s'aigrir. Puisse-t-il ne pas s'amertumer dans la chaleur des lagons !
Il y a un stackisme de la tristesse. Un être blessé se retranche pour panser ses plaies. Il a souffert, il guérira seul. Rien n'est pire que le regard des autres quand on s'est entaillé le doigt ! Quand on est blessé au cœur, n'en parlons même pas. La devise de ce

LES PILIERS DE LA MER

stackisme-là ? Le « Laissez-moi » des jeunes tuberculeuses, comme Marcelle Sauvageot qui mourut de chagrin dans un sanatorium, abandonnée par son amant. Ou bien le « Je me cache » des oiseaux qui se retirent une dernière fois pour regarder mourir le soleil dans la mer.
Il y a un stackisme de la misanthropie. Un cœur sensible tire les seules conclusions de la vie en société : partir ! Intoxiquée par les autres fleurs, la sensitive se rétracte. Pour un solitaire, le cabinet d'artiste, la cellule monastique ou la chambre tendue de murs de liège feront l'affaire. « C'est de la désertion ! » diront les adversaires. L'équation est simple : mieux vaut la tour d'ivoire que le cirque.
Il y a un stackisme du silence. Un artiste tient la solitude pour un outil de travail. Pas fou, il se donne les moyens de son œuvre. Silence, on crée ! Et comme il est impossible de baisser le son du monde, mieux vaut se retirer. « À reculons, à reculons. » Il capitonne les portes de son atelier.
Il y a un stackisme de l'esthétique. Un voyageur arrive en un lieu immonde. C'est le règne du bruit et de la laideur. Vite, s'enfuir ! Il cherche le refuge, le stack. Des Esseintes, héros fin de siècle de Huysmans, ne laissait pas le monde extérieur lui imposer sa médiocrité. Il s'enferma. Ce

stackiste-là préfère crever de décadence dans un salon précieux.

Toute Babylone a son issue. Pour fuir, il faut pousser la bonne porte. Au Mexique, nous la cherchons longtemps. La Basse-Californie étire ses quatre cents kilomètres de péninsule dans le Pacifique. Sur la carte, on croirait l'appendice caudal qu'une bête endormie au nord laisserait pendre dans l'eau bleue. La pointe mexicaine s'avance au sud. À l'ouest, l'océan. À l'est, la mer de Cortez. Les eaux se rencontrent au cap San Lucas et les courants brutaux ont sculpté dans le prolongement de la terre une enfilade de stacks de granit. Ils scintillent dans la turquoise. Cabo San Lucas : la ville éponyme est le meilleur camp de base pour les approcher.

Le soleil a tout brûlé. Le village côtier est devenu une station globalisée. Les jeunes gringos désorbités de l'Amérique du Nord déboulent ici, charriés en vols low cost. Ils viennent jouir de la mer, du ciel bleu et de toutes les putes du Mexique qui circulent entre les deux. « La chair est triste hélas », mais bon marché, youpi. Les rednecks ont trouvé un endroit à leur convenance, pire encore que chez eux. Des rangées de cubes en béton accueillent le défilé. C'est un Mykonos de la déglingue, avec le volume sonore d'Ibiza et la drogue de Tijuana. Passe un chien jaune. Des néons grésillent. Un buisson roule dans la rue sèche. María Concepción s'est fait gonfler toutes les lèvres.

Pour accueillir l'obèse blanc et le tatoué mondial, le gouvernement a nettoyé la zone. Plus un scorpion, ni un pistolero. Mais dans la javélisation, l'État a emporté le reste : pas un pêcheur non plus, ni le moindre paysan. Des milliers d'habitants, cela fait combien d'âmes ? demandait Jules Renard. Et combien de regards dans les yeux de ces passants ? Les Mexicains travaillent tous dans le tourisme. Leur objectif : tremper l'Américain dans la mer, lui vendre du Viagra après le bain. Ensuite, le frère amène sa sœur. Nous dînons de viande grillée dans une échoppe. Devant les braises, les forces de sécurité font la queue, armées de pistolet (Glock 19) dont la crosse dépasse du jean (Calvin Klein).

Dans les temps de laideur il faut chercher les replis sur la tour. Un pilier maritime constituera toujours un refuge. Le *genius loci* vient se réfugier sur le stack quand l'ombre gagne. Avant l'aube, dans les décibels de la nuit, nous sonnons l'alarme : Au stack ! Au stack ! Comme on aurait crié « Aux abris » en d'autres temps.

Le cap plonge dans la mer sous la forme d'un rognon granitique de cent cinquante mètres de hauteur pris en étau par la ville. À l'extrémité, le ressac a sculpté une arche ogivale dans la falaise, fine, élancée. L'érosion a laissé trois stacks au sud-ouest. La Polynésie s'émiette quatre mille kilomètres plus loin. Entre les deux, un vertige : l'océan.

Nous visons le pilier de l'arche. La base navale mexicaine et les immenses *resorts* (deux mille quatre cents chambres, *all inclusive*) barrent les accès à la mer. Soucieux de ne pas nous faire repérer par les gardes des complexes hôteliers, refoulés par les barbelés, nous contournons le massif par le nord, longeant les falaises. Nous partons à quatre heures du matin, à marée basse. Des phoques gémissent. Le jour se lève. Des pélicans dorment sur les écueils. Des lions de mer dérivent, en semi-flottaison. Coupant de petites criques, on rejoint la base du môle. Dans l'aube, on s'élève au sommet par un versant de rocaille coupé de ressauts, surplombant les installations militaires. De là, il suffit de redescendre l'arête jusqu'à la voûte de l'arche. Pour tout cela, deux heures suffisent. Le Pacifique se fracasse trente-cinq mètres plus bas. L'arche s'écroulera un jour et son pilier (pour l'heure, on dirait une jambe s'avançant timidement au bain de mer) commencera son agonie de stack. On descend en rappel jusqu'à la mer et on remonte en escalade, face au large, la belle colonne cristalline. Le mica scintille dans le soleil levant.

Nous n'avions pas prévu que Babylone se réveillerait à sept heures du matin. Un grondement s'élève dans le ciel. Soudain, comme mus par un appel, des centaines de bateaux, des milliers dirait-on, se ruent vers les stacks pour la séance de photographie. C'est un assaut en ligne ! Guerre des mondes, écran total ! Nous replions promptement les cordes et disparaissons dans les rochers avant que les flics nous serrent.

Jamais autant qu'ici, dans le cul-de-sac du désastre, le stack n'a endossé son rôle de dernier repli. Jamais ailleurs que dans le Disneyland des *gringos locos* nous n'avons saisi la valeur du rocher dans les vagues. Nous vous avons tant aimés, stacks du Pandémonium... « Combien de royaumes nous ignorent ! » écrit Pascal. Si seulement il avait parlé des royaumes du sel et du vent. Mais, en fait de « royaumes », il évoquait les seigneuries de la société humaine où des hommes se croient indispensables sans savoir que personne ne se préoccupe d'eux. Ce matin, je préfère prendre la pensée (29/38) au pied de la lettre : heureusement que les stacks nous ignorent ! Et Dieu merci, nous-mêmes ne soupçonnons rien d'eux, ni des valses d'embruns qui s'y trament en secret.

Il reste quelques-uns de ces hauts lieux inconnus. Mais la marée monte sur la Terre. L'homme a répondu à l'adjuration de la Genèse : il s'est multiplié. Quelle santé ! Il occupe *tout* le terrain. Sur la Terre qu'il appelle sa planète, il n'y a presque plus de tendres bosquets. Partout, le Progrès attaque le silence. Tout juste, çà et là, un stack. Au sommet, au moins, pas d'encombrements.

Nous quittons le Mexique forts de deux escalades granitiques : l'arche et un beau stack de soixante mètres, relié à la plage, fouetté de houle.
Ces deux sommets n'étaient pas plus larges que des nacelles suspendues au-dessus de la fiesta. Les haut-parleurs hurlaient, les tatoueurs tatouaient. Les pélicans attendaient la fin de la fête. Cela viendra, un jour. La nature a le temps. Elle sait patienter pendant l'éruption anthropologique.
Nous n'avons pas terminé notre mission. Nous devons encore planter des têtes d'épingle sur la carte de la dévastation – le stack constituant à la fois l'épingle et le lieu qu'elle signale. De pilier en pilier, nous mâchons notre idée : quelques lieux ont échappé à l'investissement total du monde par l'homme.
En quittant le Mexique, je mesure l'hypocrisie de notre safari. Dressés sur la pointe, nous participons à l'arraisonnement général. Par surcroît, nous sommes les serviteurs de ce que nous critiquons, la vitesse et la technique. Et nous réalisons ce que nous prétendons combattre : nous *occupons* les lieux et les souillons par notre seule présence !
Nous croyons dénoncer la réification du monde,

nous y contribuons. Je me pense chevalier des citadelles inexpugnables, j'en suis l'ultime salopeur. Celui qui l'escalade annule la fonction du stack. Croyant célébrer l'aiguille, il en parachève l'occupation. Le vrai amant des stacks n'y devrait point monter. Il se contenterait de passer, d'adresser un signe de tête au totem, de lui vouer une prière et de continuer sa route, au bord du vide où se courbent les herbes.

« Le vase où meurt cette verveine / D'un coup d'éventail fut fêlé. / N'y touchez pas, il est brisé. » Ces vers tartignoles sont de Sully Prudhomme. Comme il est difficile de ne toucher à rien !

On ne se refait pas. Sur les piliers, je vis de tels bonheurs, que je ne peux renoncer à y grimper. En me dressant là-haut, je crois assister mentalement au résumé de mon existence, précipitée entière dans une fraction de temps. À chaque fois, même élargissement du cœur, même apaisement des nerfs. Le temps s'épaissit. Je veux continuer à le sentir me traverser. Je m'arrangerai avec ma conscience. Ces escalades sont des déclarations d'amour à *l'esprit de la Terre*. Je serai pardonné d'avoir touché au vase.

Seul tabou que nous n'aurons jamais violé : nous ne pissons pas sur les stacks. Ni à leur pied, ni au sommet. Ce sont les torchères de la terre. Pas ses réverbères.

Gloire à l'érosion d'avoir soustrait ces colonnes au

déferlement des hommes. Je me dresse au sommet, rends mes grâces. Et me casse. Dans la descente, une consolation : la sono de l'humanité s'éteindra peut-être avant que ne se fracassent dans la mer les stacks de mon cœur.

Le meilleur service que l'homme puisse rendre à la beauté : ne pas s'attarder.

Quatorze

La joie de nommer

Nous sommes venus de l'autre bout du monde pour grimper leurs flancs. La moindre des choses est de leur donner un nom. Les stacks constitueront les membres d'une famille, liés par notre passage. Nommer, c'est aimer.
Comme j'envie les naturalistes des siècles encyclopédiques. Baguenaudant dans les *terrae incognitae*, ils semaient les noms dans les vents vierges où galopaient les animaux naïfs.
Dans ma pieuse enfance, j'avais entendu les développements des bons Frères, mes professeurs, sur la question théologique du logos. En résumé, le premier homme, dans le premier matin du climat de la grâce, s'était occupé d'affubler d'un nom les êtres du Jardin pour leur signifier son amour et prolonger la Création. Le verbe divin s'était fait chair, les mots de l'homme avaient adoubé l'Œuvre. En d'autres termes, l'homme attestait sa puissance

et prenait le contrôle de la bergerie, à la demande de son Créateur, en accrochant une pancarte autour du cou de chaque bête et en piquetant les fleurs d'une étiquette. On imagine l'excitation du couple biblique à poil dans la prairie : « Toi mygale, toi renoncule. »

Ces belles pensées augustiniennes me paraissent aujourd'hui hors de ma portée intellectuelle.

Mais l'exercice me plaît toujours, en équilibre sur les pointes, de faire naître une chose en avançant un nom. Par compassion ou amitié, du Lac me laisse la paternité de la trouvaille. Il a des choses sérieuses à accomplir : planter un piton pour redescendre.

Les alpinistes se sont toujours jugés légitimes à donner des noms aux lieux. En montagne, ils ont semé les parois de références à leurs efforts particuliers et à leurs impressions générales. Ces toponymes sont reportés sur les guides topographiques : à Chamonix, une terrasse de la paroi du Grépon est inscrite sous le nom de « vire à bicyclette ». Dans les Calanques de Cassis, une chatière, large comme un homme, s'appelle « le trou du serpent ». On trouve pléthore de « fissures aux œufs », de « piliers du levant » sur les parois du monde et dans les livres de courses. L'alpiniste se raconte avec la montagne pour écritoire. Parfois, il affuble sa conquête de pierre d'un nom de chair : pointe Isabelle (en cas de rupture conjugale, le sommet demeure). D'autres fois, légitimiste, il donne le nom de son souverain : pointe Albert Ier (ne fâchons pas le pouvoir, il finance l'ascension). D'autres fois, il paraphrase le lieu : mont Blanc (génie de l'évidence).

Sur les stacks, nous tenons à ne rien dire de nous-mêmes. Nous proposons des dénominations universelles. Elles ne renseigneront pas sur nos aventures mais verseront à la géographie une figure de l'Histoire ou du mythe. Encore faut-il que le nom exprime le génie du stack, c'est-à-dire la symbolique de l'anticonformisme, l'esthétique de la solitude, le refus de l'ordre social, la supériorité de l'esprit sur les choses. Par exemple, le nom de Marcel Proust semble plus à propos que celui de Mickey.

Il faut également que l'appellation chante l'esprit des lieux. Nous ne puisons pas dans le même magasin de références selon que nous grimpons un stack des mers celtiques, des baies asiatiques ou des écumes australes. « L'universel, c'est le local moins les murs », dit génialement l'écrivain montagnard portugais Miguel Torga. Il a donné la formule de l'enracinement voyageur.

Dans nos références, nous cherchons des figures qui incarnent à la fois les traditions populaires, l'écosystème du lieu, *l'esprit de la Terre*, la symbolique de la tour et la culture locale. Le toponyme idéal sera celui qui marie l'histoire à la géographie, le mythe au paysage, le détail à l'universalité, la forme à l'idée.

Nous ne les baptisons pas tous. Beaucoup de stacks ont déjà un nom, octroyé par la tradition. On le trouve sur les cartes. Le long de la côte britannique, les stacks majeurs sont répertoriés depuis que les pêcheurs se fracassent sur les écueils. Les « Old Man » of Hoy, of Stoer, les « Drongs » des Shetland, ou les « Maidens » des Highlands écossais dépêchent leurs corps faméliques dans les vagues, portant fièrement leur patronyme. Il y a parfois des noms gaéliques comme Bodach et Chailleach, « le vieil homme et la vieille femme », pour désigner deux piliers cagneux.

Comment aurions-nous osé toucher au nom du Pan di Zucchero, vaste vaisseau porte-mouettes du sud de la Sardaigne, ou à celui de l'aiguille de l'Eissadon, semi-stack des Calanques dont les grimpeurs du monde entier convoitent l'escalade ? Et comment s'en prendre au toponyme de Totem Pole, ce roi des stacks de l'hémisphère sud, tuyau d'orgue de soixante-cinq mètres planté devant la côte de basalte de la Tasmanie. Ce monument de l'escalade planétaire, gravi pour la première fois en 1968, nous le grimpons par une matinée du printemps austral où les hautes vagues contraignent du Lac à franchir le chenal de séparation par un balancé violent, suspendu à la corde. Son ascension nous donne tant

LES PILIERS DE LA MER

d'émotions qu'une fois au sommet, nous n'avons pas la moindre envie de le rebaptiser.

Le plus beau nom de stack, c'est au Vietnam que notre ami Chu Bin nous l'apprend. Postée au bord du goulet d'étranglement à la sortie de la baie de Lan Ha, se dresse une petite vigie de calcaire nu. Chu Bin nous y conduit à bord de la barque de bois qu'il pilote depuis cinquante ans, royalement vautré à la poupe, barre de gouvernail entre les orteils du pied gauche et manette d'accélération du moteur de 1960 entre ceux du pied droit. Tirant sur sa pipe en bambou qu'il garnit frénétiquement de tabacs divers, recoiffant sa mèche de cheveux blancs d'un geste gracieux, ne rechignant pas à s'apponter contre une paroi accore pour nous permettre d'y grimper, ne refusant jamais non plus une gorgée de mouton-cadet que nous lui servons à température ambiante, c'est-à-dire tropicale, il nous désigne du menton, yeux mi-clos dans les volutes, une colonne calcaire d'à peine vingt mètres. Et nous apprend dans son anglais très personnel que les gens de la baie lui donnent le nom de « Bouddha abandonné ». Souriant, il nous intime d'un geste de la main d'aller le grimper. Un court surplomb du septième degré défend la base du stack et me donne bien du mal. Je n'en aurais jamais triomphé si du Lac, au sommet,

LES PILIERS DE LA MER

n'avait halé la corde comme un moine des Météores hissant la cochonnaille dans un panier d'osier.

Sur ce stack au nom si triste, devant la baie de jade hérissée de lames de karst, je saisis la dimension mystique de l'isolement, ou plus exactement, la proclamation métaphysique du pas de côté. Le prince Gautama est l'un des parèdres du stack. Lui, prophète morbide, s'est éveillé au néant, assis à l'ombre du *pipal*. Il a quitté le monde, est mort à ses désirs, s'est abandonné à la lumière sans aucune intention d'infléchir la marche des choses mais désirant seulement éviter de nuire au cosmos et de subir l'écrasement temporel. Tout stack est un bouddha abandonné, un renonçant libéré. Priez pour nous, Śākyamuni !

Nous nous autorisons parfois à ajouter un nom de notre cru à la désignation vernaculaire. Nous ne substituons jamais le premier à la deuxième ! Remplacer est criminel. Tout juste nous contentons-nous d'adjoindre notre proposition sur les croquis de nos carnets. Étant des garçons bien élevés, c'est-à-dire pas progressistes pour un sou, nous ne dérogeons pas à l'élémentaire préséance : lorsqu'on croise un totem, on ne l'abat pas ; un mur, on ne pisse pas contre ; une galerie des glaces, on n'y accroche pas un homard ; une inscription, on ne griffonne pas par-dessus qu'on aime Ginette ou qu'on déteste la police.

Le nom le plus incongru, c'est à un stack de l'île de Pâques que nous le réservons, face à l'alignement d'Ahu Tongariki. Quinze moaïs fixent le ciel, dos à la mer. Au large, à cent cinquante mètres du versant, se dresse un clocher de trente-cinq mètres de haut, battu par le Pacifique : le motu Marotiri. La veille, nous avons emmené Pétéro en haut du stack Kao Kao, rebaptisé par nos soins « stack Kao Kao de l'homme-oiseau ». Aujourd'hui, nous invitons notre ami à grimper le motu Marotiri, que nous nommerons le « Marotiri-Blaise Pascal ».

Pétéro nous disait tantôt l'atroce sentiment des Pascuans d'avoir été mis à l'écart de l'humanité, jetés au bord des parapets. « À jamais », concluait-il. Nous lui avons lu la pensée de Pascal. Même sanglot dans les accents du philosophe : « En regardant (…) l'homme sans lumière abandonné à lui-même, et comme égaré dans ce recoin de l'univers (…), j'entre en effroi comme l'homme qu'on aurait porté endormi sur une île déserte et effroyable, et qui s'éveillerait sans connaître où il est et sans moyen d'en sortir[1]. »

« Père, pourquoi m'as-tu abandonné ? » dit le

---

1. Les lecteurs auront reconnu la 184e pensée de Pascal.

Christ. Pourquoi nous laisses-tu sans lumière ? dit Blaise. Frères humains, ne nous oubliez pas, dit Pétéro. Nous regagnons la grève. Pour nous, l'île de Pâques est devenue pascale.

Et que faire des deux grands stacks de l'île de Zante en Grèce ? Ce sont deux ailerons somptueux. Non ! Deux voiles blanches envoyées au-dessus de l'acrylique turquoise, au pied d'une falaise de cent quatre-vingts mètres. De ces deux tours, l'escalade est un enchantement, sur un rocher lavé de photons, cuirassé d'iode. Nous demandons leurs noms aux propriétaires des oliveraies littorales : personne ne les connaît.

L'île est hantée par le souvenir de deux figures héroïques. À l'été 1944, les occupants nazis demandèrent aux autorités de Zante de leur fournir la liste des Juifs. L'évêque orthodoxe et le maire grec organisèrent la fuite de deux cent cinquante malheureux dans la montagne et tendirent la liste au Gauleiter allemand : « Voilà vos Juifs ! » Sur le papier, seulement inscrits, leurs deux noms. Tous furent sauvés. Nous baptisons nos deux stacks des patronymes des deux hommes. Le Chrysostomos et le Loukas Carrer. Ils culminent à quarante-cinq mètres. Le premier oblige à une escalade du sixième degré, le second se grimpe plus facilement. Ils sont de roche calcaire fort instable au sommet.

LES PILIERS DE LA MER

Les noms des deux héros sont inscrits au mémorial des Justes de Yad Vashem en même temps que plantés désormais dans le Mare Nostrum.

Nous complétons notre mémorial. Ce stack du Kerry irlandais abordé en kayak sous une averse hachée de soleil, devant Ballybunion, est connu sous le nom de Devil's Castle. De la falaise, la silhouette tourmentée ne dément pas le nom. En ce 23 mai, nous accostons au pied de ses quarante-cinq mètres. Le lichen frappe la masse sombre de marbrures jaunes. Du bas, le monolithe semble caparaçonné d'or. Du Lac se lance dans une escalade sans retour sur un feuilletage de schistes empilés et disjoints. Les prises cassent comme des rebords d'assiettes. Les doigts se crispent sur les réglettes gluantes. Au sommet, nous trouvons un anneau de corde : le stack a déjà été conquis[1] ! On grimpe dans les rafales, on descend sous la pluie, on rentre dans les vagues, on remonte par les talus d'herbe sur la verte prairie irlandaise. Nous apprenons que le gouvernement de Dublin vient ce matin de reconnaître la Palestine comme « État souverain et indépendant ». Le communiqué se garde d'en préciser les frontières, mais rappelle « le droit d'Israël à exister » (grandeur d'âme des Irlandais !).

---

1. Par un alpiniste anglais, Mick Fowler.

LES PILIERS DE LA MER

Le soir, au pub de Ballybunion, nous avons déjà laissé huit cercles sur la table de bois sombre. En Europe, des voix justifient la position irlandaise : les Irish boys possèdent une mystique de la lutte armée. Ils font converger la cause des peuples. Le Hamas a commis ses crimes il y a huit mois, le 7 octobre 2023. Couine le violon du pub, passent les pintes, monte l'odeur d'algue tiède de la bière renversée sur le parquet. Quel rapport entre Bobby Sands, héros des luttes irlandaises, et les violeurs du Hamas déboulant du ciel arabe pour se repaître d'une fille, avant de lui loger une balle dans le crâne ? Nous nommons notre stack « le Shani Louk ». Du nom d'une jeune proie juive violée le 7 octobre et démantibulée. Le stack se tiendra là, pendant des siècles, battu par les pluies de l'ouest, séparé de son île-mère qui, en ce jour où nous l'avons grimpé, rendait un hommage indirect aux bourreaux. Peut-être notre toponyme sera-t-il un jour versé à la cartographie ?

Souvent, le nom est dans la forme. Ou du moins la forme du stack nous mène-t-elle au nom par le labyrinthe des souvenirs de lectures. Aux îles de la Madeleine, face à Terre-Neuve, nous gagnons le sommet d'une arche argileuse par un lancer et une remontée de corde en contrepoids. La roche est un conglomérat de silice. L'iode attaque le sédiment.

Sous les doigts, le rocher se désagrège. La côte recule plus vite que les peintres n'ont le temps de la peindre. La terre de la Madeleine, comme le jour et la vie, est un pauvre sursis. Même le soleil disparaît vite ce soir-là. Sur l'arche nous regardons s'embraser l'argile. Je viens d'apprendre « Recueillement » des *Fleurs du mal* et me souviens d'un vers. Il chante parfaitement cet instant tragique : « Vois (…) le soleil moribond s'endormir sous une arche. »

– Du Lac, dis-je, ce stack-là, appelons-le « le Baudelaire ».

Ainsi baptisons-nous l'un de nos cent six stacks du nom du poète, qui dans l'ordre anthropologique incarne le mieux les tours en allées : séparé du monde, égaré dans la solitude, indifférent aux choses, s'arrêtant pour regarder mourir les fleurs pendant que la masse poursuit sa course.

Un soir d'automne où nous nous réchauffons aux flammes d'un feu de bivouac sur une plage de Terre-Neuve, nous repérons un stack élevé pour moitié au-dessus des galets, pour moitié dans la mer. On se promet de le grimper à l'aube. La lune se lève vers l'est, argente la mer, allaite le ciel et nacre le contour des roches d'un liseré. Alors se dessine un profil, tête levée, menton gras, bajoues. « C'est Louis XVI », dit Goisque. Va pour Louis XVI. Qu'a-t-il d'un stack, le gentil roi assassiné ? D'avoir été séparé (!) malgré

LES PILIERS DE LA MER

lui du corps social. Au moins bénéficia-t-il de l'un des avantages de la répudiation : ne rien avoir avec le groupe, ne plus rien lui devoir. En mourir.

La course continue. Et nous semons dans nos sillages, sur un planisphère dédié à notre seul souvenir, les grains du chapelet de nos stacks. Ils forment une garde selon le cœur, chaîne de dieux, de héros, d'hommes et d'artistes, figures dont nous associons la gloire à des tours de roche, plus vraiment de la terre, pas encore de la mer, résolument de la mémoire.

Au sud de la péninsule de Bonavista, à Terre-Neuve, un stack nous demande grand effort à grimper mais se révèle facile à baptiser. L'atteindre requiert une marche de cinq heures, une descente en rappel de quatre-vingts mètres, un franchissement de chenal où du Lac passe dans les vagues, une escalade sur un rocher écaillé. Tout cela avant de devoir rembobiner l'exact fil des épreuves de l'aller. Le totem de soixante mètres est coiffé en son sommet de sapins pareils à des plumets de punk classieux. Pour nous, ce sera « l'Iroquois ».

En haut d'un monolithe des Philippines, nous débouchons sur un replat de herses karstiques aiguisées par l'érosion. Ce sont des lames de poignards pointées vers le ciel. Nous serions transpercés si nous trébuchions. Nous n'avons pas beaucoup de difficulté à l'appeler « le Mishima » en souvenir de l'écrivain japonais qui se plongea laborieusement le sabre rituel dans les entrailles.

L'inspiration la plus graphique nous est offerte par un autre stack des Philippines. Il présente la forme d'un diabolo parfait, composé de deux cônes volumétriques posés l'un sur l'autre en pleine baie de San Pedro. C'est un sablier dont le flux se serait à jamais pétrifié. Pour saluer le sablier dont Ernst Jünger a écrit le plus pénétrant des traités, nous donnons au pilier portant sa nuée d'insectes le nom de l'écrivain guerrier qui aimait les scarabées.

À moins d'un mille marin du sablier, une atmosphère de mystère nous écrase quand nous débouchons sous les épiphytes sommitaux d'un grand stack. Nous le nommons « le Thomas More » afin de nous rappeler à jamais cette leçon : tout stack est un refus et donc une utopie.

Et ce stack irlandais ourlé d'écume, cambré dans les vagues, fringant dans le vent, coupant insolemment la mer d'Irlande, pouvons-nous faire autre chose que le baptiser « le Poney sauvage » en souvenir d'un écrivain que nous avons tant aimé[1] ?

---

1. Michel Déon, bien sûr, se disent les lycéens fanatiques de Spetsai.

LES PILIERS DE LA MER

En Italie, la mer est si joyeuse, le ciel si douloureusement bleu et notre âme si triste de quitter les pointes que nous donnons à chaque stack – aiguilles de basalte des îles Éoliennes, masses calcaires de la mer de Capri ou piliers de pierre ponce de Sardaigne – des noms de beautés de cinéma qui crevèrent les années soixante. Le Ornella Muti, le Brigitte Bardot, le Claudia Cardinale : stacks du champagne solaire pétillant dans l'eau fraîche. Nous plantons la Nouvelle Vague dans les vagues.

Et si nous appelons « Ingrid Bergman » ce stack dressé face au volcan de Stromboli, c'est parce qu'il s'agit d'une escalade sur un basalte déversant, noir comme dans une âme. Nous l'abordons de nuit pour échapper à la surveillance des militaires italiens. La furtivité de l'entreprise, la difficulté de l'escalade conjuguée au mystère du soir nous oppressent. Comme madame Bergman le fut sur les pentes échevelées où son cœur se serra à l'ombre du géant en fusion.

Le stack Olga, sur une plage de cendres brossée d'écume, nous l'avons appelé ainsi, en Nouvelle-Zélande, parce que, avec deux autres piliers de même aspect, il forme un groupe nommé sur la carte « Les Trois Sœurs ». Les trois sœurs tchékhoviennes ne sont-elles pas trois stacks coincés dans la datcha de l'ennui, rêvant de s'en échapper ? Et si les stacks, comme les sœurs russes, attendaient l'occasion de rejoindre un jour la mer ? La mer caresse leurs pieds, chante le départ, l'aventure, la liberté. Quelle invitation ! Mystère des stacks : on les croit hiératiques, ils ne sont qu'impatients.

Aux Açores, nous baptisons « Pessoa » un pilier de grès et de basalte détaché d'un anneau volcanique, lui-même sis à un mille au large. La côte est celle d'une île appartenant à un archipel de l'Atlantique. « Ce sont les poupées russes du stack ! » dit Goisque. Il a raison : dans le projet d'éloignement, il y a plus radical que soi. Le plus solitaire des carmes trouvera toujours un semblable qui tient à s'éloigner un peu plus loin encore. On n'en finira jamais avec la fuite. Pourquoi Pessoa ? Nous nous souvenons du Portugais à la vie terne et à l'âme solaire, cachant le feu du poète sous le masque du rond-de-cuir, conservant derrière le paravent de la médiocrité la conviction de son génie. Il avait écouté l'injonction d'Épicure : « Dissimule ta vie. » Il vécut dans la grisaille. Il composa ses poèmes sans que ses collègues de bureau se doutent de rien. Il s'inventa des identités de papier. Il se donna entièrement à son œuvre en s'échinant à vivre à côté d'elle une vie insignifiante. Le stack est la réserve de la possibilité. Il y a des jardins au sommet des

LES PILIERS DE LA MER

colonnes. Si elles sont imprenables, ils fleurissent d'autant mieux.

Notre liste des stacks s'enrichit d'invités, au gré des escalades, parce que le ciel nous inspire telle idée ou que le vent souffle un secret. Au Vietnam, il y aura le Syméon, pour saluer le saint de la Syrie qui se desséca trente-sept ans au sommet d'une colonne. En Afrique du Sud, sur un pilier de grès dont chaque geste déloge un bloc, nous voulons célébrer Léopold Senghor qui ne voulut jamais choisir entre la poésie et la race, domina la question et surplombe désormais l'océan. Aux Shetland, ce stack irréel – sommet de brume, socle d'écume –, nous le nommons le Borges. De là-haut, la vue est si magique et j'ai eu tant de mal à l'atteindre qu'il ressemble pour moi, avec sa forme d'épingle hardiment fichée en mer, à l'une des énigmes du mage argentin.

Trouver un nom, en vérité, est une opération borgésienne. On choisit la clef pour résoudre le mystère. *E la nave va.*

On donne un nom, on redescend, on vivra.

Quinze

Les stacks selon le cœur

Dans cette liste, j'indique les stacks que nous avons grimpés. Nous avons défloré plus de la moitié de ces piliers de la mer. J'inscris en le soulignant d'un trait le nom que nous avons inventé quand le pilier n'en possédait pas ou bien je reprends telle quelle la désignation vernaculaire. Si jamais nous avons joué à renommer un stack déjà baptisé, j'inscris entre parenthèses le nom traditionnel. Sont notés ensuite le lieu où ils se dressent, le type de roche, la hauteur, le degré de difficulté dont le barème s'échelonne de 3a à 9c et la manière dont nous les avons abordés.

C'est une liste existentielle pour moi. Elle rassemble les mentors, les héros de l'enfance, les fantômes aimés, les compagnons de route et les étoiles mortes. Ainsi se dessinent les constellations d'élection. Après tout, le sens de la vie pourrait se résumer à cela : reconnaître ses maîtres. Il est important de situer ses amis. On habite réellement dans la cartographie de son cœur.

LES PILIERS DE LA MER

Tous les noms de baptême de ces stacks désignent des divinités ou des humains qui, un jour, décidèrent de s'écarter. Variées furent leurs raisons. Sans retour possible, sans réconciliation désirée, tel fut le mouvement. Ils n'ont pas imité Guy Debord : ils ne se sont pas dilués dans la fourmilière urbaine, balançant entre l'alcool et la dynamite, traçant une topographie des souterrains et creusant au stylo des galeries de sape dans la ville. Ils ont préféré la réalité de la mer au symbolisme urbanistique. Ils se sont réellement retranchés. Leur situationnisme est topographique, pas uniquement mental.

Ils auraient pu faire comme Li Po : « Depuis trente ans je cache ma renommée dans les tavernes. » Mais ils étaient trop vitaux pour se détruire. Ils ont pris la géographie au pied de la lettre. Ils ont fait un pas de côté, mesure de la plus grande distance.

N'appartenant plus à l'ensemble, ils ont rejoint ce qui ne survit que hors du groupe : la liberté. Ne voulant pas le pouvoir, ils gagnèrent l'empire sur eux.

Stack 1, Aiguille creuse, Étretat, France, craie à silex, 55 mètres, 5c, canot à rame.
Stack 2, Old Man of Hoy, Orcades, Écosse, grès, 135 mètres, 6b, approche à gué.
Stack 3, North Gaulton Castle, Orcades, Écosse, grès, 45 mètres, 5c, rappel + nage.

Stack 4, The Yesnaby, Orcades, Écosse, grès, 35 mètres, 5b, rappel + nage.

Stack 5, semi-stack de l'aiguille de l'Eissadon, Calanques, France, calcaire, 70 mètres, 5c/6a, plage.

Stack 6, Le Jean Cabot (La Cheminée), Terre-Neuve, Canada, basalte, 35 mètres, 7a max, gué à marée basse.

Stack 7, Le <u>Leif Erikson</u>, Terre-Neuve, Canada, basalte, 30 mètres, 6a, rappel + gué.

Stack 8, <u>L'Enfant-Jésus</u>, Terre-Neuve, Canada, basalte, 20 mètres, rappel + balancé depuis la falaise côtière.

Stack 9, <u>Le Louis XVI</u>, Terre-Neuve, Canada, basalte, 20 mètres, 6b, plage.

Stack 10, <u>L'Iroquois</u>, Terre-Neuve, Canada, basalte, 60 mètres, 6b max, rappel + gué.

Stack 11, <u>L'Acadien</u>, îles de la Madeleine, Canada, grès, 20 mètres, nage + jumar.

Stack 12, <u>Le Baudelaire</u>, îles de la Madeleine, Canada, grès, 12 mètres, rappel à marée basse, jumar.

Stack 13, <u>Le Champlain</u>, îles de la Madeleine, Canada, grès, 20 mètres, nage + jumar.

Stack 14, <u>La Madeleine</u>, îles de la Madeleine, Canada, grès, 20 mètres, nage + jumar.

Stack 15, <u>Le Stella Maris</u>, Basse-Californie, Mexique, granit, 25 mètres, 4c, gué, scrambling + rappel.

Stack 16, <u>Le Steinbeck</u>, Basse-Californie, Mexique, granit, 50 mètres, 6b, scrambling, gué.

Stack 17, Le Vakaouri (motu Takaae), Ua Pou, Marquises, Polynésie française, basalte + concrétions de guano, 100 m de traversée, + 230 mètres, 7b max, bateau + nage.

LES PILIERS DE LA MER

Stack 18, Le Jacques Brel, Ua Pou, Marquises, Polynésie française, basalte, 20 mètres, 7a (un pas), bateau + nage.

Stack 19, Le Toa Enana, Ua Pou, Marquises, Polynésie française, basalte + scories détritiques, 35 mètres, 4c expo, bateau + nage.

Stack 20, L'Atanua, Ua Pou, Marquises, Polynésie française, basalte, 35 mètres, 6c, bateau + nage.

Stack 21, L'Île Catherine, Taranaki, Nouvelle-Zélande, grès + silice, 20 mètres, 4c, gué + nage.

Stack 22, L'Olga (Les Trois Sœurs), Taranaki, Nouvelle-Zélande, silice, 15 mètres, jumar, approche à marée basse.

Stack 23, L'Ithaque, Taranaki, Nouvelle-Zélande, silice, 25 mètres, jumar, approche à marée basse + gué.

Stack 24, Le Bounty (Taitomo Rock), région d'Auckland, Nouvelle-Zélande, lave pétrifiée, 40 mètres, 4c, approche à marée basse.

Stack 25, Totem Pole, Tasmanie, Australie, dolérite, 65 mètres, 7b, rappel + balancé.

Stack 26, Le Cierge, Tasmanie, Australie, dolérite, 110 mètres, 6b, tyrolienne, rappel + balancé.

Stack 27, Le Raoul (Pole axed Pillar), Tasmanie, Australie, dolérite, 50 mètres, 6b+, désescalade + rappel + scrambling.

Stack 28, Le Moaï, Tasmanie, Australie, dolérite, 30 mètres, 5c, rappel + marée basse.

Stack 29, Le Bigeard, baie de Lan Ha, Vietnam, karst, 65 mètres, 5c, kayak.

Stack 30, Le Syméon, baie de Lan Ha, Vietnam, karst, 35 mètres, 5c, barge.

Stack 31, Le Pierre Loti, baie de Lan Ha, Vietnam, karst, 30 mètres, 5c, barge.

Stack 32, Le Lao Tseu, baie de Lan Ha, Vietnam, karst, 60 mètres, 5c, barge.

Stack 33, La Tonkinoise, baie de Lan Ha, Vietnam, karst, 25 mètres, 5c, barge.

Stack 34, Le Bouddha abandonné, baie de Lan Ha, Vietnam, karst, 18 mètres, 5c, barge.

Stack 35, Le Crabe-Tambour, baie de Lan Ha, Vietnam, karst, 15 mètres, 4c, barge.

Stack 36, Le Vendredi, Palawan, Philippines, karst, 12 mètres, 4c, plage.

Stack 37, Le Ernst Jünger, Samar, Philippines, karst, 20 mètres, 6b, pirogue.

Stack 38, Le Thomas More, Samar, Philippines, karst, 50 mètres, 6a+, scrambling végétal, pirogue.

Stack 39, Le Baron perché, Samar, Philippines, karst, 25 mètres, 6b, pirogue.

Stack 40, Le Mata Hari, Samar, Philippines, karst, 30 mètres, 6b (un pas de 7a), pirogue.

Stack 41, Le Mishima, Palawan, Philippines, karst, 55 mètres, 6a+, pirogue.

Stack 42, Le Senghor (Cathedral Rock), Afrique du Sud, grès, 55 mètres, 5b, scrambling + gué.

Stack 43, Le Joséphine Baker (Hole in the Wall), Afrique du Sud, basalte + scories, 50 mètres, 4c ultra expo, nage.

Stack 44, L'homme-oiseau (motu Kao Kao), île de Pâques, Chili, basalte, 55 mètres, 5b, canot.

Stack 45, Le Blaise Pascal (motu Marotiri), île de Pâques, Chili, lave, 35 mètres, 4c, canot.

Stack 46, <u>Le Yamana</u>, cap Horn, Chili, schiste, 110 mètres, 6b (expo), rappel, scrambling + marée basse.

Stack 47, <u>Le Pessoa</u>, Açores, Portugal, grès et tuf basaltique, 50 mètres, 5b, kayak.

Stack 48, <u>L'Ulysse</u>, Zante, Grèce, karst, 18 mètres, 4a, Zodiac.

Stack 49, <u>Le Pénélope</u>, Zante, Grèce, karst, 120 mètres, 5b, Zodiac.

Stack 50, <u>Le Loukas Carrer</u>, Zante, Grèce, karst, 45 mètres, 6a+, kayak.

Stack 51, <u>Le Mgr Chrysostomos</u>, Zante, Grèce, karst, 45 mètres, 4a expo, kayak.

Stack 52, <u>Le Jason</u>, Zante, Grèce, karst, 15 mètres, 4a, Zodiac.

Stack 53, <u>Le Médée</u>, Zante, Grèce, karst, 20 mètres, 6a, Zodiac.

Stack 54, La Madone (Faraglione Grande dei Ciclopi), Sicile, Italie, orgues basaltiques, 25 mètres, 3c, nage.

Stack 55, <u>Le Frédéric II de Hohenstaufen</u>, Lipari, Italie, neck basaltique, 60 mètres, 6c, Zodiac + nage.

Stack 56, <u>Le Claudia Cardinale</u>, Lipari, Italie, neck basaltique, 30 mètres, 6c, Zodiac + nage.

Stack 57, Le Giafante, Filicudi, Italie, lave détritique, 20 mètres, 5c, kayak.

Stack 58, La Canna, Filicudi, Italie, neck effusif, 68 mètres, 5c, canot de pêche.

Stack 59, L'Ingrid Bergman (Strombolicchio, pointe nord), Stromboli, Italie, basalte, 45 mètres, 6b, kayak.

Stack 60, Le Malaparte (Faraglione di Mezzo), Capri, Italie, karst, 85 mètres, 5b (pas de 7a), canot.

Stack 61, Le Brigitte Bardot (Faraglione della Terra), Capri, Italie, calcaire, 120 mètres, 5c, canot.

Stack 62, Le Mallarmé (La Colonne), San Pietro, Sardaigne, Italie, basalte, 15 mètres, 6a, gué + nage.

Stack 63, <u>Le Ornella Muti</u>, San Pietro, Sardaigne, Italie, lave et basalte, 20 mètres, 4a, kayak.

Stack 64, Pan di Zucchero, Sardaigne, Italie, karst, 130 mètres, câbles et échelles, kayak.

Stack 65, Le Claude Monet (l'une des aiguilles de Port-Coton), Belle-Île, France, schiste à quartz, 25 mètres, 4c expo, nage.

Stack 66, Le Sarah Bernhardt (rocher du Pylor), Belle-Île, France, schiste, 12 mètres, 5b, nage + tyrolienne.

Stack 67, Le Old Harry, Dorset, Angleterre, craie à silex, 25 mètres, 7a, kayak.

Stack 68, Le Falstaff (The Wine Bottle), Dorset, Angleterre, craie à silex, 35 mètres, 6b, kayak.

Stack 69, Le Milady (Bantham Hand), South Devon, Angleterre, shale gréseux, 12 mètres, 5b, gué à marée basse.

Stack 70, Le Merlin (Pen-y-Holt), Pembrokeshire, pays de Galles, calcaire, 30 mètres, 5b, rappel + gué + nage.

Stack 71, Le Saint-Patrick (Church Rock), Pembrokeshire, pays de Galles, calcaire, 30 mètres, 5c, kayak.

Stack 72, <u>L'Agatha Christie</u>, Pembrokeshire, pays de Galles, calcaire, 25 mètres, 4c, rappel + gué.

Stack 73, Le Cuchulainn (Dunshean Head), Kerry, Irlande, shale gréseux, 30 mètres, 5c, rappel + scrambling.

LES PILIERS DE LA MER

Stack 74, Le Poney sauvage (An Searrach), Kerry, Irlande, shale gréseux, 30 mètres, 6b, kayak.

Stack 75, Le Shani Louk (Devil's Castle), Kerry, Irlande, schiste, 45 mètres, 6b, kayak.

Stack 76, Le Brandan (An Branán Mór), Clare, Irlande, schiste, 60 mètres, 6c expo, kayak.

Stack 77, Le Komitas (Dun Briste), Mayo, Irlande, calcaire, 50 mètres, 6b expo, kayak.

Stack 78, Le Yeats (Cnoc na Mara), Donegal, Irlande, calcaire, 100 mètres, 5b, kayak.

Stack 79, Les Sœurs Brontë (An Bhuideal), Donegal, Irlande, calcaire, 40 mètres, 5b, kayak.

Stack 80, Le Dolores O'Riordan (An Staca), Donegal, Irlande, shale à grains fins, 20 mètres, 6a, kayak.

Stack 81, Le Bobby Sands (Lighthouse Stack), Arranmore, Irlande, granit, 85 mètres, 4c, rappel + nage.

Stack 82, <u>Le Prospero</u>, Arranmore, Irlande, granit, 45 mètres, 6a+, kayak.

Stack 83, Le Emily Dickinson (Macleod's Maidens), île de Skye, Écosse, basalte, 60 mètres, 6a, kayak.

Stack 84, Le Marcelle Sauvageot (Outer Maiden), île de Skye, Écosse, basalte, 30 mètres, 6b, kayak.

Stack 85, Le Old Man of Stoer, Highlands, Écosse, grès, 60 mètres, 6a, tyrolienne.

Stack 86, Le Victor Hugo (Am Buachaille), cap Wrath, Sutherland, Écosse, grès, 55 mètres, 5c, rappel + nage.

Stack 87, A'Chailleach, cap Wrath, Sutherland, Écosse, grès à quartz, 25 mètres, 5c, rappel pendulaire + jet de pieuvre.

LES PILIERS DE LA MER

Stack 88, Le Stevenson (Am Bodach), cap Wrath, Sutherland, Écosse, grès, mica, quartz, 30 mètres, 5b, tyrolienne + scrambling.

Stack 89, Le Comte de Monte-Cristo (Duncansby), Caithness, Écosse, grès + calcaire, 70 mètres, 5c, kayak.

Stack 90, Le Kenneth White (Old Wick), Caithness, Écosse, schiste, 40 mètres, 5c (un pas de 6c), rappel pendulaire.

Stack 91, Le Marie Stuart (Sinclair Castle), Caithness, Écosse, schiste, 15 mètres, 5c, gué à marée basse.

Stack 92, Le Sherlock Holmes (Thormaid), Sutherland, Écosse, grès quartzeux, 35 mètres, 5b (pas de 7a), gué + nage.

Stack 93, Le Peter Pan (Geodha Brat), Sutherland, Écosse, grès, 30 mètres, 6a, gué à marée basse.

Stack 94, Le Borges (Drongs 1), Shetland, Écosse, granit, 35 mètres, 6c, kayak.

Stack 95, La Dame à la Licorne (Drongs 2), Shetland, Écosse, granit, 30 mètres, 6b, kayak.

Stack 96, Le Eirik le Rouge (Drongs 3), Shetland, Écosse, granit, 15 mètres, 5c, kayak.

Stack 97, Le Peer Gynt (Lyra's Kerry), Shetland, Papa Stour, Écosse, granit, 40 mètres, 6b, kayak.

Stack 98, Le Strindberg (Spindle), Shetland, Papa Stour, Écosse, granit, 40 mètres, 7a expo A2, kayak.

Stack 99, Le Nora (Maiden Stack), Shetland, Papa Stour, Écosse, granit, 15 mètres, 3c, nage.

Stack 100, Le Hollandais volant (Gordi Stack), Shetland, granit, Écosse, 70 mètres, 6b expo, rappel, gué à marée basse.

LES PILIERS DE LA MER

Stack 101, Le Lieutenant Glahn (Harry's Pound), Shetland, Écosse, granit, 30 mètres, 5c, kayak.
Stack 102, L'Yggdrasil (The Runk), Shetland, Écosse, granit, 40 mètres, 5a, kayak.
Stack 103, Le Diana (Point of Quida Stack), Shetland, Écosse, granit, 50 mètres, 4c et 6a, kayak.
Stack 104, Le Heygadrangur, Streymoy, Féroé, Danemark, basalte, 134 mètres, 5c, câbles, Zodiac.
Stack 105, Le Drangarnir, Vágar, Féroé, basalte, 66 mètres, câbles, Zodiac.
Stack 106, Le Scalde (Risin og Kellingin), Streymoy, Féroé, Danemark, basalte, 70 mètres, 6b, Zodiac.

Seize

La chute, la peur, l'échec

Un jour, la chute. Au sud du Dorset, nous escaladons depuis l'aube des stacks de calcaire crayeux à inclusions de silex, semés dans la continuité du cap de Handfast. Nous avons rejoint l'enfilade en kayak. On dirait des charpies. L'Angleterre est vraiment en décomposition.

La lividité de ces tendres stacks contraste avec la verte acidité de la prairie côtière où se promènent des vieilles dames britanniques extrêmement bariolées et anormalement actives.

Par une après-midi de mai, nous en grimpons deux à la suite. Les stacks se sont détachés de la paroi à une cinquantaine de mètres de distance. La blancheur des faces reflète le ciel, acidule les couleurs. Le monde éclate. La mer a le violet de l'étole. C'est la palette de Hockney, peintre anglais pour grands enfants riches.

Dans ces cierges pulvérulents, les pitons d'acier

s'enfoncent aussi facilement que des lames dans le beurre (salé, *of course*). Tout s'effrite. Des Anglais passent dans de jolis esquifs au pied des tours et nous regardent, un sourcil parfois levé. On les entend dire « *Oh my God* ». Les Britanniques sont très flatteurs.

Les pieds délogent des silex qui tombent dans la mer. Du Lac, passablement flegmatique, plante ses pitons que j'arracherai facilement en montant tout à l'heure, assuré du sommet. Parfois la tour vibre sous les martèlements. Les coups se répercutent sur la Grande-Bretagne. Le premier stack (vingt-cinq mètres de haut) demande une heure et demie d'efforts.

Des escaladeurs anglais ont déjà grimpé cette colonne branlante et l'ont affublée d'un nom gentil, Old Harry, et d'une cotation de difficulté engageante : HVS, pour « *High Very Severe* ». Dans le petit guide d'escalade édité par les grimpeurs, ces stacks sont appelés « horreurs de craie du Dorset ». Les Anglais savent s'y prendre pour attirer le chaland.

Au sommet, un parterre d'herbe rase nous accueille gaiement. Huit mètres sur deux entre ciel et mer : le paradis. En bas, un doux ressac agite des algues verdâtres. On croirait de la gastronomie anglaise.

On se repose, allongés sur la plate-forme, visages et vestes maculés comme ceux des écoliers du siècle dernier (le mien) : traînées de craie blanche et de

LES PILIERS DE LA MER

gazon vert. La lumière est l'amour du soleil. C'est une journée joyeuse comme l'Angleterre sait en produire une ou deux fois par siècle : le ciel est bleu. Sur le ferry qui nous amenait à Plymouth, j'ai trouvé dans les *Châtiments* d'Hugo un véritable manifeste du stack. Comme d'habitude, Totor fait claquer ses fusées. Elles sont parfaites : « Personne n'est tombé tant qu'un seul est debout. »

Plus loin : « Pour soutenir le temple, il suffit d'un pilier. »

Lui, le réprouvé des îles, l'exilé de la nuit océanique, avait vu la dimension politique des déchiquètements. Le refus est dans l'écueil. Un de ses poèmes se termine par « Affrontez l'orage, affrontez l'écume, Rochers et proscrits[1] ». Dans l'analogie, on ne pouvait faire mieux.

Hugo file le thème de la dernière tour. Si, dans l'effondrement général, une d'entre toutes reste debout, rien n'est perdu.

Ainsi de tout veilleur assurant l'intérim dans les temps tectoniques. Ainsi du moine recopiant les manuscrits au milieu de la rumeur barbare. Du conservateur de bibliothèque borgésien penché sur l'incunable, alors que le monde est devenu aveugle. De l'enfant qui lit Proust dans le train, seul de sa race cruelle.

---

1. Les élèves des classes de terminale auront identifié le quatrième poème, intitulé « Chanson » des *Châtiments*.

LES PILIERS DE LA MER

Un jour les heures refleuriront. Mais avant le réveil, il faut des stacks où reposent les ferments. À cela servent les musées. On conserve, on attend. Le stack pourrait être vu comme un monument dédié à l'espérance du printemps. Parfois, la géographie est la dernière chance de l'Histoire. Voilà la conception hugolienne des écueils de la dormition.

À côté d'Old Harry se tient une tourelle de trente-cinq mètres, effilée en col de cygne. On équipe un relais au ras de l'eau, sur une protubérance de silex. Du Lac plante un piton, monte un peu, se protège en cravatant une sangle autour d'un saillant, grimpe encore, place un coinceur amovible dans une fissure, s'élève toujours, met un nouveau piton. À douze mètres, une prise casse sous son pied, il vole dos au vide, sans un cri. Je retiens la corde mais les protections s'arrachent les unes après les autres. Nos ustensiles de métal ne tiennent pas dans une roche si fragile. Mon ami se fracasse dans la mer, à plat dos, au milieu d'une gerbe blanche. Il aurait touché un rocher affleurant, il était mort. Il regagne la base du pilier à la nage, remonte à moi : « Je repars. »

Une heure après, nous sommes au sommet sur lequel on peut à peine se tenir debout à deux. Jeu dangereux de grimper sur des reliefs en instance. Tomber d'un stack, c'est pousser jusqu'au bout l'identification symbolique. Ainsi, au cours de ces

LES PILIERS DE LA MER

années sur les pointes, avons-nous parfois senti sinon le souffle de la mort, du moins l'hostilité des lieux. Le génie local décoche sa grimace.

À l'ouest de l'Irlande, la falaise de Moher effondre dans l'Atlantique ses deux cents mètres de schiste. Au loin, les îles d'Aran font un bouton sur l'horizon. Au sommet, les vaches paissent, séparées du vide par un barbelé. Des écharpes de brume lèchent la face du tombant, voilant et dévoilant des hosties d'algue morte qui font des plaques d'or dans le bouclier sombre. En bas, comme d'habitude, la mer n'est jamais lasse de sa propre colère. Un stack dort au pied, nommé An Branán Mór, un crochet noir de soixante mètres de haut, dont la simple vue terrifierait un phoque.

Sur les pentes herbeuses qui nous permettront de gagner la grève, un panneau prévient le promeneur : « *Warning ! Cliffs kill.* » Il me semble que c'est le faux pas qui tue et non la falaise. De même est-ce le tueur qui tire et non son arme à feu. Mais la bureaucratie a ses propres philosophies. On ne saurait contredire un pictogramme.

Le rostre nous attend à un kilomètre de la plage où nous avons mis en œuvre notre esquif gonflable. Ce matin, il me semble aller vers le poteau d'exécution. Du Lac rame gaiement.

Les oiseaux soulignent chaque strate de schiste.

LES PILIERS DE LA MER

Une ligne blanche pour les mouettes. Noire pour les guillemots. Anthracite pour les pétrels. Un musicien pourrait lire ces portées. *Le Rappel des oiseaux* est une œuvre pour clavecin de Rameau. De l'escalade, je garde le souvenir de deux heures d'efforts absurdes sur des rebords gluants. Les prises cassent. Les oiseaux gueulent. Les vagues explosent. Des blocs basculent et s'écrasent dans l'eau. Du Lac engage la viande, comme disent élégamment les alpinistes. Jamais la corde ne le retiendrait dans ces porcelaines. Il m'assure sec. À mi-hauteur, on remonte en cheminée une écaille de dix mètres décollée du stack et dont on sent, à chaque reptation, l'oscillation épouvantable.

Tout sommet est soulagement. Celui de Branán Mór confine à la libération. Je deviens cucul la praline. C'est le contrecoup de l'angoisse (ainsi qu'une disposition naturelle). Une onde me submerge d'amour pour la mer, la vie, la mouette.

Les vers impeccables d'Audiberti, appris il y a dix ans au bord de la Méditerranée, me montent aux lèvres : « Et quand j'écris la mer il faut lire la vie / Et quand j'écris la vie il faut lire la mort[1]. »

Et même du Lac me semble ce matin un être recommandable pour qui je ruisselle de bienveillance.

---

1. On aura identifié le poème « La mer » tiré du recueil *Toujours* (Poésie/Gallimard).

Vivre est bon. Vivre *encore un peu* est meilleur. Peut-être le côtoiement du danger améliore-t-il l'homme. Du moins débarrasse-t-il le cœur de toute autre préoccupation. La peur purifie.

« Encore un moment, monsieur le bourreau. » Ce mot prononcé par Mme du Barry avant son assassinat est la plus bouleversante déclaration d'amour à la vie. Cela aussi constitue la révélation du stack. On la reçoit un jour quand, dans le soleil du matin, le pilier a pris l'aspect d'un échafaud.

Parfois, le stack se refuse à nos efforts et même à nos approches. Ce n'est pas faute de l'avoir désiré, le Stac An Iolar ! Tirant son nom du gaélique, la pointe noire ferme une crique étroite de l'île d'Arranmore, au nord-ouest de l'Irlande.

La veille, nous avons emprunté un couloir de pilleurs d'épaves pour gagner en contrebas une plage de galets où nous avons déposé le kayak à l'abri d'une grotte. Ce matin, à cinq heures, nous bataillons dans les creux à bord de notre embarcation de petits baigneurs. Les vagues déferlent et nous refoulent. Du Lac me crie de commencer à écoper. Ce que je suis en train de faire depuis dix minutes.

Jusque-là, les dieux nous avaient gratifiés de tous les fruits de nos désirs. Mais An Iolar n'est pas un dieu accommodant. On se déchiquetterait à l'aborder. Nous opérons la retraite avant le chavirage dans l'eau à 10 °C. Rejetés au rivage comme un cageot de bois, nous faisons semblant d'avoir décidé de renoncer. Le plus difficile dans l'alpinisme, ce sont les vagues.

Un Américain du nom de Waynes Dickinson dériva pendant cent quarante-deux jours à travers l'Atlantique en 1982 dans une embarcation hermétique de deux mètres cinquante de long, tenant davantage du bidon que du bateau. Parti de Boston, il toucha le Vieux Monde drossé un soir par force 10 contre les rochers d'Arranmore, à quelques encablures de notre stack. Il fut recueilli par les gardiens du phare. Le naufragé avait appelé sa boîte de conserve « La larme de Dieu ». Il semblerait que le garçon souffrît d'une très légère originalité d'esprit. Son cercueil insubmersible nous aurait été de grande utilité ce matin pour nous jeter sur l'aiguille.

J'aime les illuminés de l'aventure. Ces Rimbaud sans le verbe transforment le voyage en saison en enfer et meurent sans rien dire. Jetant toutes leurs forces dans la seule voie à ne pas suivre, ils nous rachètent de nos tiédeurs. Gloire aux conquérants de l'inutile ! Ils tiennent l'intérêt personnel pour une vulgarité et le succès pour une facilité.

Maurice Wilson, héros de la Grande Guerre, atteignit clandestinement l'Inde à bord d'un petit avion en 1934 et se lança dans l'ascension de l'Everest sans aucune préparation. On retrouva son corps à sept mille mètres d'altitude. Dans son carnet : « Temps radieux, je suis très confiant. » Heureux les cœurs purs, ils gèleront les premiers.

Nous remontons le couloir et je me vois quitter Arranmore, mâchant ma déception. Ainsi le ressac et le vent nous auront-ils volé la joie des échauguettes et cette impression offerte, pour une poignée de secondes, de tourner avec le monde, debout sur l'axe de rotation lui-même planté à travers le globe.

À peine avons-nous regagné le plateau d'herbes rases plein de moutons parqués entre les murets de pierre, que du Lac m'invite à porter l'assaut sur un autre stack, à deux kilomètres au nord-est du phare d'Arranmore.
– Il n'a jamais été grimpé.
– Mais voyons, dis-je, la houle n'a pas baissé.
– On passera, dit-il.
– Le temps n'est pas radieux, je ne suis pas confiant. Wilson est mort.
– On va armer le kayak pour la haute mer.

Deux heures plus tard, nous fuyons dans les vagues en combinaison de plongée sur une embarcation que nous avons préalablement équipée d'un pont de navigation, d'un gouvernail et de jupes étanches. Nous tournons le cap où les effets du courant augmentent les vagues. Il pleut dans la baie du nord. Des rais de soleil frappent d'argent les parois du cirque, décochés à travers les écroulements du ciel. La pluie grêle la mer qui se rue contre l'île. La houle nous pousse vers la colonne. Il faudra tout à l'heure remonter le courant vers le phare, à coups de rame. Au pied de la tour, nous sautons à l'eau. Les vagues nous soulèvent sur le socle avant de se retirer dans des bruits de succion. Une fois le kayak hissé, tout paraît facile. Leçon des stacks pour la vie ordinaire : le fixe est moins dangereux que le fluctuant. Sortis du remous, nous jugeons agréable de nous suspendre dans les empilements les plus scabreux.

Ce stack de la blessure d'orgueil (j'avoue avoir mal pris la rebuffade de Stac An Iolar), nous l'appelons le Prospero, du nom du héros de *La Tempête* de Shakespeare. Dans la pièce, le duc de Milan, naufragé de son trône, recompose le monde sur une île de sable par le seul pouvoir de son esprit. C'est l'artiste à l'œuvre que dépeint Shakespeare pour expliquer le procédé de l'invention. *La Tempête* fonde le primat du rêve sur le réel. De l'intelligence sur l'adversité. Du Verbe sur la matière. De l'inspiration sur la contingence. De la volonté sur le sort. Tout créateur reconstruit le monde sur une page blanche. Et ce Prospero-là, haut de quarante-cinq mètres, couronné de criste marine, nous libère de notre échec de Stac An Iolar, nous offre la joie du ciel que la mer nous avait refusée tantôt, nous pardonne notre faiblesse du matin et nous ouvre ce soir la porte d'un nouveau sommet. Pour vivre, il faut vouloir écrire encore une autre page, en dépit des courants contraires. Prospero dort en nous. Penser à le réveiller dans l'impasse. Tout homme qui ne veut pas s'en tenir à l'échec demande à Prospero de s'inventer de nouvelles tempêtes. Ou de trouver un nouveau stack.

Dix-sept

La nuit sur l'Acropole

Le stack de Dun Briste est planté à moins d'une centaine de mètres de la falaise côtière, devant la péninsule de Saint-Patrick, sur la façade ouest du comté de Mayo, en Irlande. La mer rugit quand nous parvenons au bord par une soirée de mai. Les grottes creusées par des millénaires de ressac répercutent les coups. La terre vibre. « Ça va être sport », dit du Lac. Je n'aime pas ce laconisme. L'euphémisme m'angoisse.

Le stack apparaît dans le contre-jour : un pilier strié d'une alternance de strates sombres et claires. On croirait une génoise plantée dans la crème fraîche avec un plateau d'herbe en guise de praline.

Les rares visiteurs à l'avoir atteint (deux cordées connues et une escouade d'archéologues déposée en hélicoptère dans les années quatre-vingt pour une durée de deux heures) ont relevé au sommet la présence de soubassements architecturaux.

LES PILIERS DE LA MER

À la fin du XIVe siècle, une arche monumentale s'avançait dans les eaux. À l'extrémité avait été édifiée une construction. D'après les chroniques, l'arche s'écroula dans une tempête de 1393 séparant de la terre le pilier surmonté de son édifice. Chapelle ? Ferme ? Simple enclos à bétail ? Les décombres n'offrent pas de réponse. Seule la légende est sûre : les traditions racontent qu'un chef païen, Crom Dubh, refusait l'évangélisation. Saint Patrick d'un coup de crosse fendit la terre et laissa le rebelle sur son stack.

Nous gonflons le kayak à deux kilomètres au sud du stack sur une plage grise et abordons la tour selon les règles de sécurité élaborées par du Lac : en nous faisant fracasser par les vagues contre le socle. Nous en serons quittes pour une réparation du kayak.

L'escalade est délicate face au large. Nous avons riveté les combinaisons d'homme-grenouille, les gilets de sauvetage et le kayak à un piton, huit mètres au-dessus de la houle. Nous rejoignons un système de fissures verticales reliant des banquettes de roches maculées de guano. Le remugle acide m'écœure. Du Lac grimpe lentement, hors de ma vue. Entre mes mains, la corde défile centimètre après centimètre. Elle signale qu'il vit encore. L'information a son importance.

Le soleil tombe. Les coups de marteau de Du Lac sur les pitons d'acier s'éloignent.

Une heure après, je rejoins mon ami sur le plateau d'herbe. Il a tenu fermement la corde d'assurage. La vue du bouillon, cinquante mètres plus bas, entre mes pieds, eux-mêmes en équilibre sur des prises fragiles, me soulève autant le cœur que les vomissures des pétrels. Du Lac en a reçu une giclée en plein visage. Nous sacrifions un demi-litre d'eau douce pour lui rincer l'œil.

Les premiers pas sur le plateau m'impressionnent. Je mesure la valeur du moment : nous marchons sur une place soustraite au monde. Que cherchons-nous sur *la plus haute tour* ?

Des oiseaux vivent sur les ruines : ma vie consiste en ce moment à reconnaître leurs positions. Pour révérer leur constance.

Le stack est une proposition. Résumons-la : se séparer pour être, s'écarter pour durer, s'isoler pour mourir.

Règne sur ces échauguettes une atmosphère sérieuse et solennelle. Menacé, le stack tient. Patient, il attend, sans rien exiger.

Calme blanc, modestie fixe, silence total. En face, la côte de bruit et de fureur, gouvernée par les marchands et les aménageurs. Ils ont besoin les uns des autres : l'union fait la farce.

Mes escalades sont mes prières. Nous inventons du Lac et moi une manière liturgique : marcher, ramer, grimper, peiner, prendre des risques, s'écorcher les mains, se faire cracher au visage par les mouettes, basculer des blocs dans l'océan, nous abrutir de vide puis nous dresser au-dessus de la valse. Laisser notre regard s'équilibrer aux mouvements de l'eau, du ciel, comprendre que nous sommes debout sur la toupie, entraînés avec elle, animés mais immobiles. Ne pas bouger d'un poil, tourner avec le monde, fuser avec le temps, devenir fugacement éternels. Le monde conserve des parcelles de son origine divine, intouchée. Le stack impose l'action de grâce.

Par définition on n'y restera pas. On se dresse, il faut déjà redescendre. Sauf ce soir. Nous avons décidé de passer la nuit au sommet de Dun Briste.

Le plateau d'herbe mesure cinquante mètres de long par quinze de large. Nous y trouvons les ruines au premier coup d'œil, à l'angle sud-est. Un soutènement de pierres sèches apparaît dans les trèfles conchiés de guano, seule trace de fondation.

Dans l'obscurité, nous jetons le bivouac au pied du mur : deux sacs de couchage à même l'herbe et un réchaud à gaz. Il ne faudra pas rouler dans le sommeil : le vide s'ouvre à trois mètres.

La mer baratte la nuit. Les vagues auront bientôt mangé leur part de terre. Un jour, le stack sera poussière. La ruine s'effacera de la mémoire humaine. Demeurera-t-il une mémoire humaine ?

Étrange bivouac au pied de débris humains, eux-mêmes dressés sur une ruine terrestre. Les premiers sont poignants, ils disent la vanité de nos efforts. La deuxième est grandiose, elle dit le combat des éléments. Le monde est un sablier, il coule et nous passons dans l'averse des grains. Ces écroulements de la nature et de la culture nous commandent de nous dépêcher de vivre. La mer monte vite pour l'homme. Chaque vague frappe une heure. Sur ce, du Lac fait chauffer la soupe, parce que la métaphysique des pierres branlantes ne nourrit pas son homme. Le bouillon chauffe, le ressac cogne. On entend l'écho de la mer dans les grottes.

On lape la soupe, on regarde la lune escalader le ciel. L'air pue l'ammoniaque exsudé par les chiures d'oiseaux. Nous veillons tard sur le mont chauve. La lune est douce. Le ciel, un lavis.

Et si le stackisme devenait ma religion des morts ? Elle consisterait non pas à s'incliner au pied des stèles mais à les escalader pour toucher l'unité de la pensée et de l'effort.

Dînant sur l'herbe, je murmure un psaume : « Arrête-toi, ma vie pour que mon âme souffle. Et vous, heures pressées, laissez-moi rassembler amours et souvenirs, hors du temps, loin du monde, avant que ne reprenne sur la Terre la course de mon corps à la poursuite de ma conscience. »

À minuit, toujours impossible de fermer l'œil. On grille un cigare humidifié à souhait (l'Irlande a été inventée par Dieu pour conserver au frais les

LES PILIERS DE LA MER

Robusto produits de l'autre côté de l'Atlantique) et je pense à mes morts, adossé à mon mur.

À mon père, qui croyait au primat du rêve sur la réalité.

À ma mère médecin, qui donna sa vie aux autres, sachant que l'objet de ses secours ne valait pas tripette.

À mes amis, fauchés dans la jeunesse, par accident, c'est-à-dire le plus agréablement possible.

– On est seul avec ce qu'on aime, dis-je à du Lac.

– C'est de qui, cela ? dit-il.

– De Novalis, un Allemand, mort à vingt-neuf ans.

Au sommet de Dun Briste, immense incarnation de poésie océanique, nous avons réussi à prononcer le nom de Novalis, le cul dans l'iode.

Vers une heure du matin, nous sentons des fourmillements sur les jambes : des cloportes habitent sous les pierres et patrouillent dans l'herbe. D'où viennent-ils, ces petits gardiens de la tour oubliée ? Vivent-ils en circuit fermé depuis la séparation du XIVe siècle ? Les oiseaux rafraîchissent-ils les troupes en convoyant des clandestins dans leur plumage ? Les cloportes, petits blindés désarmants, sont gentils comme les soldats de plomb. Je ne les crains pas mais redoute l'araignée. Mon œil voit une danse dans l'ondulation des crustacés. Il perçoit l'agression dans l'articulation de l'arachnide.

Les cloportes de Dun Briste posent la question du vase clos. Sur les postes sacrifiés, la vie peut-elle se maintenir sans apport ? Question pour école de science politique. Le stack s'est retranché. S'épargnant l'hostilité du groupe, ses habitants se privent des trésors de la rencontre. À se protéger, s'exposent-ils au racornissement ? Peuvent-ils survivre sans contacts, « sans échanges », comme on le dit aujourd'hui ? L'entre-soi condamne-t-il au dépérissement ?

Le donjon géographique a procuré refuge aux menacés de l'Histoire. Berbères de l'Atlas, Yézidis du Sinjar, Arméniens de l'Artsakh, insurgés de la Morée grecque : partout où le soleil d'Allah apparaissait, les envahis se retranchaient, gagnant de l'altitude.

Ailleurs, en d'autres temps, ce fut le Vercors résistant cerné par les nazis, le Massada des Juifs encerclé de Romains, le Montségur des Cathares pressé par les papistes. Ces tabernacles sont des stacks. Le donjon se dresse au-dessus du pays. Les parois font rempart. Les résistants se cloîtrent. La mer d'acier les entoure. Les falaises de marbre protègent le dernier carré. Phénomène récurrent, position héroïque, échec assuré.

Que promet l'avenir aux reclus de la dernière tour ? La liberté *et* la mort ? « Nous voulons demeurer ce que nous sommes », dit la devise du duché du Luxembourg. Est-ce là un vœu répréhensible ? Une ambition de barbon ? À l'opposé, faut-il se contraindre à vivre toujours relié aux autres, sous influence, en métamorphose perpétuelle ? Le stack serait-il un tombeau ? Peut-être conviendrait-il alors d'abattre les piliers de la mer, de crainte que leur exemple n'éloigne les jeunes cœurs de l'esprit d'ouverture ?

La *chambre à soi* que Virginia Woolf appelait de ses vœux afin d'y mener sa vie de femme libre incarne l'intimité totale du stack. Que choisir ? Le hub livré aux vents ou le stack protégé des assauts ? Serons-nous grains de pollen ou bien cloportes ? Le courant d'air ou le formol ? Quel destin se choisir ?

Dans les capitales américaines où se forge l'essentiel de la pensée occidentale, le stack n'a pas bonne presse. La doctrine contemporaine le serine sur le réseau humain : la valeur d'une culture doit être proportionnée à l'importance de ses fécondations extérieures. Toute histoire ne vaut qu'en s'affirmant « mondiale ». Dès lors, on se doit de mépriser rostres karstiques et rognons granitiques où des peuplades se cramponnent pour se conserver.

Sur la plate-forme d'herbes salines de Dun Briste règne un biotope modeste. Quelques oiseaux, des insectes, des fleurs, des arthropodes et l'ombre des nuages sur les herbes courbes. Pas de ronces. Ni de rats : ils ont quitté le navire depuis longtemps.

La vie bat sa mesure, faible, jamais effrénée, peu visitée, harmonique, triste à mourir.

Sur les stacks, on souhaiterait les merveilleux abordages des contes orientaux. Visites des marins, échouages de commerçants, missions d'ambassadeurs : chamarrures et onguents. Il faudrait les boutres de Sinbad accostant sur le socle. Alors la vie se relancerait et les cloportes ne mèneraient plus leurs patrouilles stériles sur des herbes semblables.

Mais hélas ce n'est pas ainsi que l'Histoire visite la géographie. L'Histoire mobilise les masses. Ce ne sont pas les magiciens du conte qui abordent les tours perdues. Quand la masse s'ébranle, c'est pour prendre sa part. La tectonique est violente. Le mont Athos, alors, devient une île des Cyclades livrée à la sono. Début de la fête. Fin du mystère.

Nous redescendons en rappel à l'aube. La corde est passée sur un saillant du crêt. Nous avons consolidé l'attache en plantant dans la terre élastique une tige de métal de vingt centimètres. Elle ploie à la moindre tension. « C'est à cela qu'on va pendouiller ? » dis-je à du Lac. Il ne répond pas, il est déjà descendu. Cinquante mètres plus bas, l'écume fouette le socle. « Comment l'appellera-t-on, celui-là ? » demande du Lac dans le kayak remis à l'eau. « Le Komitas », dis-je. Du nom du musicien arménien qui savait la douleur des terres rognées par le ressac. Il composa toute sa vie le même requiem

LES PILIERS DE LA MER

pour peuple attaqué. Dun Briste, de loin, ressemble au Haut-Karabagh en miniature, ce plateau carré de calcaire arménien planté depuis deux mille ans de vignes et de clochers, que les mamelouks d'Azerbaïdjan ont envahi et épuré en quelques semaines.

Je n'en démords pas ce matin : il n'est point honteux de demeurer dans la continuité. Rien n'est noble comme une citadelle. Tout stack est un sursis, la vie un miracle, la paix un interlude, et il reste deux kilomètres à ramer pour regagner la plage.

Dix-huit

Les obélisques de la beauté

La beauté n'est pas toujours spectaculaire. Les stacks des Féroé déchirent les nuées. Ils écrasent la mer de leur centaine de mètres. Ils ont la sévérité des sagas où s'entre-tuent les chefs. Des nuages fument. L'écume griffe le basalte. Les pointes sont surplombées de falaises invaincues, cinq fois plus hautes. Leur ombre ajoute au lugubre. Chu de la nuit, le paysage souffre. L'escalade est laborieuse. Nous mettons trois heures à parvenir au sommet du stack de Heygadrangur et deux à en redescendre avant de sauter dans les eaux subarctiques où se débat le Zodiac de notre ami Jens.

Ces stacks de l'effroi sont sublimes mais le sublime n'est pas la beauté, comme nous le savons depuis que les philosophes du XVIIIe siècle se sont penchés sur la question. Le sublime écrase, la beauté enchante. Le sublime est la beauté des sorcières, la beauté est le sublime des fées.

LES PILIERS DE LA MER

Ma mémoire se souvient que notre stack le plus ravissant n'eut rien de difficile. En Sardaigne, nous convoitions depuis longtemps un bijou des eaux turquoise, au sud de l'île San Pietro : deux colonnes de basalte de faible hauteur (une quinzaine de mètres), à un jet de pierre du rivage, dans un cristal lagunaire. À la nage, nous approchons le stack et le grimpons par une fissure retorse. Au sommet, une petite plateforme nous accueille. On fume sous le soleil. Le basalte renvoie la tiédeur du jour. L'eau flamboie. La mer saigne bleu. Les oiseaux planent cool. Le fond de l'air est gai.

La silhouette du stack est harmonieuse : un bibelot sur le satin. Nous paressons trois heures, du Lac et moi, au sommet allongés, jouissant de la douceur. Il faudra redescendre. Morale du stack : peiner pour l'atteindre, regretter d'en partir, mourir d'y rester.

Nous sommes trois en vérité. Catherine Van Offelen nous a rejoints de France. Du Lac l'a ficelée ferme pour passer le surplomb sommital. Pour commencer, elle est tombée sur le plus charmant pilier et nous gratifie d'un souvenir de lecture : « La mer n'a pas d'âge, couverte de rides, elle les perd aussitôt[1]. » Mais voilà qu'aujourd'hui ce joli stack fait

---

[1]. « Morand encore ! » se diront les jeunes aventuriers parvenus jusqu'à cette page. « Dans *Bains de mer* ! »

de la mer un cadran solaire. L'ombre de l'aiguille balaie la surface, marquant les heures. Elle répare l'indifférence de l'eau en y inscrivant la profondeur de la mesure du temps.

Nous nous rendons compte alors – mais si tard ! – qu'il manque le jumeau du pilier. La photo d'un guide des années soixante-dix représente deux colonnes. Où est *l'autre* ? À dix mètres de notre stack, nous avisons les débris immergés d'une ancienne pile. Ils affleurent à peine. Nous étions montés sans nous en préoccuper. L'éboulement date de quelques années. Bien des mémoires humaines doivent se souvenir des deux colonnes de San Pietro.

Dans son sac (toile étanche), Catherine Van Offelen a serré *Émaux et Camées*. On lui avait recommandé de ne pas se charger, elle a choisi le plus léger recueil.

Se confirme notre axiome : tout événement de la vie trouve son annonce dans la poésie. Chaque jour, on découvre ce que d'autres ont déjà écrit. Vivre, c'est circuler de phrase en phrase. Nous sommes quelques-uns à croire à ce principe. La poésie confirme la vie. La vie vérifie la poésie. Or, dans un quatrain, Théophile Gautier décrit le temple de Louxor, dont l'un des obélisques a été offert à la France, descellé de son socle, arraché à son jumeau. Quatre vers expriment le sanglot de l'obélisque abandonné et donnent au passage une définition du stack : « Je veille unique sentinelle / De ce grand palais dévasté / Dans la solitude éternelle / En face de l'immensité. »

Nous avons pris pied sur un stack amputé de sa moitié, un obélisque blessé que nous prenions pour un cadran solaire.

Nous avons escaladé celui qui demeurait près de son frère unique et tombé.

Il faut grimper les pointes pour y lire la poésie à l'exact emplacement et au moment précis auxquels elle a été destinée.

Les choses arrivent parce qu'elles ont été écrites.

Dix-neuf

Le principe de distinction

La plupart des stacks sont des tours détachées d'une côte littorale soumise au recul. Géomorphologiquement, il existe une autre race de stacks : ceux qui jaillissent. Ce ne sont pas des enracinés : ils s'épanchent du magma. Un volcan crève la surface de l'eau. Sa cheminée se pétrifie. L'érosion débarrasse les scories périphériques. Reste la colonne de basalte dressée au milieu de la mer, comme la Canna des îles Éoliennes, que nous grimpons grâce aux offices de Stefano dans sa barque de bois.

Le stack érosif dit : « Je reste, continuez sans moi. »

Le stack effusif : « Je jaillis, je n'ai pas besoin de vous. »

Dans les deux cas – stack de la continuation ou stack de l'apparition, stack de la mémoire ou stack de l'éclosion, stack qui tombe ou stack qui monte –, les piliers de la mer se distinguent.

Qu'est-ce que la distinction ? Le désir de ne pas se conformer à la codification commune. La distinction refuse l'ordre du temps. Chez certains êtres humains, dès le plus jeune âge, la certitude de soi légitime une toute-puissance individuelle. L'intime conviction de sa valeur particulière galvanise quelques enfants. Ils sont rares. Leur seule mission : ne ressembler à personne, ne suivre aucune trace, ne douter de rien. Quelle radicalité chez ces champions du « soi » ! Il serait plus confortable pour eux de se glisser dans l'habit commun ! Vivre dans la moiteur des semblables repose. Enfant, je rasais les murs. La plupart des baleineaux ne veulent pas faire de vagues.

L'envie de se distinguer ne se réduit pas à la vanité. L'explication serait trop simple. Le séparatisme existentiel possède de plus profondes racines. C'est l'extrême attention portée à l'existence qui conduit les séparés à faire de chaque parcelle de leur biographie – du bouton de guêtre au mariage – un sujet magistral, soumis à des organisations sophistiquées.

Le « distingué » ne laisse ni les événements ni les traditions décider à sa place. Il mène lui-même l'attelage. Et si on l'accuse de ridicule, rien ne le dissuadera d'agir comme il l'entend.

Le stack symbolise cette passion pour *ce qui démarque*. Planté au large, dressé aux marges, l'original endure embruns ou moqueries. Tout, plutôt qu'on ne le *confonde*. Proéminents, protubérants, biscornus, couronnés de fleurs et de plumets, pied dans la mousse, tête embrumée, d'accès difficile et de solidité douteuse, les stacks figurent la cohorte des fantaisistes, « oseurs » sans complexes, histrions, marginaux, clochards célestes et princes de la vie, trublions coquets et artistes dérangés qui ont tracé dans l'Histoire un sillage inutile et précieux.

Ces considérations vaporeuses me soutiennent sur un stack du Pembrokeshire dont du Lac me laisse venir à bout en tête. Tout en haut, une prairie de cristes abrite des nids d'oiseaux. Les abeilles butinent. J'ai emporté une flûte irlandaise et je joue des gigues au milieu des fleurs. Me voilà à cinquante-deux ans, debout sur une tour de trente mètres de haut, vêtu d'une combinaison de plongée, en train de donner un récital de pipeau à une assemblée d'oiseaux.

Mon pseudo-romantisme d'adolescent attardé, ce rôle de pâtre d'opérette, n'est peut-être pas plus ridicule que la fébrilité affairée du trader qui se prend pour une grande personne.

Moralité du stack : affirmation de soi grâce au pas de côté sans nuire à l'ensemble ni rien en exiger.

Vingt

La morale des petits stacks

Que la hauteur du stack ne détermine pas sa beauté, nous le savions depuis longtemps. D'un petit encensoir se diffusent des parfums pénétrants. La lampe d'Aladin est un bibelot, elle contient le génie. Ni la dangerosité de l'ascension, ni la force magique délivrée au sommet ne sont comptables de la taille des piliers. Bien des pointes ne culminant pas à plus de trente mètres m'ont réservé un enseignement dont la valeur infusa longtemps au plus profond de mon cœur.

L'œil depuis la grève jugeait pourtant le stack insignifiant. C'est le mystère des tours de la mer : on ne sait rien du secret qu'elles enferment. Dans la Brocéliande arthurienne, le voyageur errant ignorait ce qu'il trouverait en passant le pont.

Cette loi se vérifie au pied de l'Etna, en Sicile, dans le voisinage de Catane. À cinq heures du matin, les pêcheurs sortent du port d'Aci Trezza à bord de barques de bois. L'Etna est dans la pénombre. Sur les brise-lames de la jetée, en combinaison de plongée, nous attendons l'aube. À l'est une bande de ciel diffuse sa lueur livide. Le jour a l'air d'avoir passé une mauvaise nuit. Le Faraglione Grande dei Ciclopi révèle le contour de sa silhouette conique à deux cents mètres du quai. Le chenal est agité d'un fort courant. Il faudra le traverser à la nage sans se faire repérer. Nous passons. Trois barques glissent dans l'obscurité. Aucun des hommes à la barre ne nous détecte. L'escalade n'est pas longue des vingt-cinq mètres d'orgues basaltiques décapées par des millénaires de vent salé. Nous gravissons un système de cheminées séparant des banquettes de basalte jusqu'au sommet large comme une table de bureau et planté d'un buisson anémique dont les racines ont arénisé la roche. À l'ouest, dans le ciel nimbé de poudre mauve, l'Etna reçoit l'aube. Les Italiens connaissent sous le nom d'*enrosadira* l'instant où le soleil réveille le monde d'une caresse d'or. Nous demeurons immobiles à la pointe, en équilibre dans le rayonnement de la beauté. Jadis, quand elle régnait, elle imposa aux hommes d'inventer des mythes.

Personne ne nous dénoncera aux carabiniers ce matin-là. Avantage des temps modernes : les hommes ne regardent pas l'aurore se lever sur les stacks.

LES PILIERS DE LA MER

Rappel, descente, plongeon. Nous regagnons le quai d'embarquement en quelques brasses. Pauvre stack. Du port, il ressemble à un hochet. On aurait vite fait de rigoler gras sur l'air de Priape aux bains de mer. Mais l'heure est si belle que nous sommes dissuadés de dire des gaudrioles sur le lingam.

La légende des piliers d'Aci Trezza constitue le plus bel hommage que l'esprit de l'homme puisse rendre à l'Histoire en chargeant la géographie d'embrasser symboliquement toutes les périodes passées. Les rochers *dei Ciclopi* représentent les blocs que le Polyphème d'Homère a balancés sur la flotte d'Ulysse du haut de la montagne pour se venger de ses blessures. Une Sainte Vierge a été scellée au XXe siècle à la base des orgues de basalte. Elle veille sur la côte, face à l'Etna. S'incarnent ainsi sur le piton la fusion impossible entre la mythologie homérique et le christianisme, la rencontre d'Athènes et de Jérusalem, l'union du mythe et de la foi, d'Homère et de saint Jean, du Cyclope et de la Vierge.

Polyphème et Marie ! Vous voilà réunis.

Ce mariage christo-hellénistique du monstre et de la Madone, ma sensibilité y aspire, mon esprit veut y croire et mes yeux s'en félicitent dans les laudes solaires.

Grâce à l'addition des forces de la Croix et de l'Olympe, les poètes du XIXe, Lord Byron en tête, se prirent de passion pour la Grèce, jusqu'à donner leur vie pour repousser le Croissant en Asie.

Ah, comme ils sont bien protégés, les habitants d'Aci Trezza par cette tour de guet qui rassemble la Geste commencée dans une grotte, achevée dans la crèche. Seul un stack sicilien, couvé par le volcan, hors de la loi du monde, permet à la mère de l'Enfant-Dieu de séjourner sur un îlot de lave en compagnie des dieux de la mer et de la lumière.

Une autre fois, c'est sur la côte de Wick, à l'est de l'Écosse, que je reçois la confirmation de la profondeur mantique des stacks-bibelots, rapidement gravis. La ruine d'un château tient bon au bord du vide. L'œil ne saurait distinguer entre le mur et la paroi. Le château s'incorpore à la roche noire. Le rempart continue la falaise. Les motifs de la fantasmagorie calédonienne sont rassemblés : la ruine, la mer, le vent en fuite dans la lande. Personne ne peut en vouloir à Walter Scott d'avoir cru aux fantômes.

Le clan Sinclair fit bâtir le monument au XVe siècle dans le genre lugubre et massif qui présidait alors. À l'étale de la marée basse, au pied du château, sur le platier de schiste, on atteint un stack sans se faire trop tremper. Il faut agir vite avant d'être piégé par la mer. L'escalade sera courte sur un rocher fragile, le pilier mesure quinze mètres. Une fissure l'entaille sur sa longueur, offrant aux mains une ligne de prises crochetantes. Le stack est constitué des mêmes ardoises à bords francs que celles des tours du château. Le substrat rocheux a déterminé les formes de l'un comme de l'autre. Le temps géologique a empilé les feuilles en cent millions d'années. Les hommes ont bâti la tour en trois ans de chantier.

Qui est la pile, qui est la tour ? L'une imite l'autre. Toutes deux se conforment aux déterminations du sol. Et nous-mêmes ? Sommes-nous en train d'escalader l'échauguette d'un château fort devant un stack en ruine ou bien une tour de schiste devant l'ombre d'un donjon ?

Le meilleur hommage rendu par l'une à l'autre – la tour rocheuse à la tour gothique –, c'est de se ressembler.

J'aime l'écho physique de la nature dans les œuvres de l'homme. C'est la *présence réelle* d'un dieu qui serait le monde. Parfois, l'architecture se confond au relief, en constitue l'esprit. Dans le pays berbère, à Taghia, la montagne absorbe les maisons. Dans le vieux Tibet, combien mon œil en a-t-il scruté de ces draperies de pierre où les maisons à peine visibles émanaient du versant granitique et se révélaient quand l'œil saisissait un détail architectural, incongru, qui dissipait le mimétisme et confirmait la présence d'un autre ordre – humain celui-là ? Et dans le Dévoluy, le clocher roman de Mère Église semble dupliquer – par sa couleur et sa substance – l'immense bastion de l'Obiou qui ferme l'horizon.

À Sinclair, nous grimpons sur le stack de la synecdoque, nom que les rhétoriciens donnent à l'assimilation de la partie par le tout.

J'étais séduit par le pythagorisme bien avant d'arriver au sommet du stack de Sinclair. Toutes les formes du monde répondent à la même écriture. La loi des étoiles se confirme dans les fleurs. L'équation des nébuleuses explique le vol des abeilles. « Aucun penseur n'oserait dire, soutient le Hugo des *Misérables*, que le parfum de l'aubépine est inutile aux constellations. » Un ordre cosmique structure le petit comme l'immense, le coquillage et la galaxie. Le château était dans la falaise avant même le temps de l'homme.

Ce soir, si la tour de la mer et le donjon des clans s'harmonient à ce point, c'est que les architectes (l'homme d'un côté, le temps de l'autre) ont obéi à la même injonction de la nature qui mettait à leur disposition un seul matériau conduisant la main de l'un et les millénaires de l'autre vers le même dessein.

Nous abattons les stacks sur les côtes de pluie. Nous ne voyons personne et nous parlons très peu. Tout juste, parfois, quelques individus nous disent « Descendez » quand nous grimpons, « Circulez » quand nous bivouaquons, « Payez » quand nous repartons.

Un autre de ces « stacks de la délicatesse » nous attend sur la côte écossaise de Wick. Il n'a rien de spectaculaire, il s'est détaché récemment et repose au plus près de la falaise côtière, fine aiguille légèrement penchée du côté de la terre ferme. L'aventure sera brève, le danger modéré. On en a atteint le socle au prix d'un balancé à la corde au fond d'un chenal étroit. Puis une escalade hargneuse, le passage d'un surplomb branlant, trente coups de marteau pour clouter un piton, une série de contorsions élégantes pour du Lac, fort disgracieuses pour moi, le tout sous l'œil réprobateur de pétrels ultra-classe, nous suffisent à déboucher dans le soleil.

Nous nous allongeons dans la lumière. La mer berce la Terre. Le stack attend la chute. Les douze mètres qui nous séparent du monde pourvoient au bonheur. Tout à l'heure nous tendrons une corde en tyrolienne pour regagner la côte.

Le stack répond aux deux fonctions de la tour. Il permet de tenir comme dans un donjon, il offre de veiller comme dans l'échauguette.

Jouons à l'échauguette : les yeux mi-clos, je scrute la falaise. Elle court au nord, percée d'arches, grêlée de niches, fendue de gorges. Les oiseaux couvent sur le rempart. Dieu s'est incarné dans l'homme, affirment les chrétiens. Pourquoi avoir choisi ce qu'il y a de plus sinistre et fragile ? Ces paysages de gloire iodée, fouettés d'une lumière que les grains de pluie métallisent, où des oiseaux suspendent la vie sur les rebords, ne pourraient-ils pas suffire à l'incarnation ? Selon Bachelard, le symbole de la mort flotte dans la mer. « Complexe d'Ophélie », dit le philosophe pour décrire l'irradiation morbide de l'eau[1]. On connaît l'image. On n'aime pas en être visité quand on nage en eaux troubles : le cadavre très blanc de la femme très belle dérive dans l'eau froide parmi les herbes souples. Flotte, pauvre Ophélie, parmi les nénuphars !

Tout à l'heure, au fond du goulet d'écartement, entre la falaise et le stack, pendu à ma corde de rappel, tâchant de me rétablir sur le socle gluant, je pensais que Bachelard avait raison. L'eau faisait d'affreux bruits de baisers. Des chevelures d'algues balayaient la roche. S'épanchait dans l'atmosphère une odeur d'éponge.

Et si l'escalade du stack était la manière que nous avons trouvée de revenir au ciel, d'offrir à la lumière un geste de ressaisissement ? « J'étais comme un bateau coulant dans l'eau fermée, / Comme un mort je n'avais qu'un unique élément », pleure Paul Éluard dans « Pour vivre ici ». Que n'est-il pas sorti

---

1. Tout amateur de natation aura reconnu un passage de *L'Eau et les Songes*, de Gaston Bachelard.

de l'onde, Paul, afin de s'écorcher les mains sur un stack et de grimper jusqu'au sommet où tout est lavé dans la sécheresse, pardonné dans la lumière, adoubé par l'effort dans la révélation de l'horizon ?

Ainsi des petits stacks de notre herbier mondial : stack du miracle christo-hellénistique, stack de la synecdoque, stack du vitalisme anti-morbide, vous m'avez offert d'impensables enseignements du haut de vos modestes altitudes. À peine émergés, vous m'avez transpercé.

Vingt et un

Le stack comme expérience intérieure

Baie de Donegal. Des épines de jais crèvent la mer. La route meurt au fond d'une crique défendue d'écueils. Je me souviens des planches de dinosaures de ma gentille enfance. La carapace du stégosaure se hérissait de rostres. La mer a monté et recouvert le monstre de Donegal couché au fond des eaux. Nous passons trois jours sur la grève, lançant chaque matin le canot vers les bouquets de roches.

Le stack de Cnoc na Mara culmine à cent mètres au-dessus de l'eau. L'escalade est facile, le grès solide, la mer calme, le ciel léger. Le fond de l'air est frêle. Pour une fois, la moisson de stacks ne tient pas de la roulette russe, ni le retour de la ruée sauvage. Le temps flotte. On sentirait la Terre tourner.

Depuis des mois, nous vivons dans un hold-up. Repérage, approche, escalade, descente, retour… Et que recommence le tour de manège sur les chevaux de bois ! Quelle débauche pour une minute sur un

rocher ! On croirait l'amour : mouvements ridicules, joie fugace.
Le stackisme, c'est la vitesse. Dans la mer, il faut aller plus vite que les vagues. Sur la falaise, ne pas laisser aux roches le temps de s'écrouler. Au sommet, penser au retour, plus périlleux que l'ascension. Descendre avant que les promeneurs de la côte ne nous signalent aux autorités. Une fois à terre, ne pas perdre l'envie de recommencer. Quoi qu'il arrive, on a toujours trois cents kilomètres à abattre avant le prochain ferry-boat.
Ainsi courons-nous sur les pointes. Comme on passe un gué en sautant de pierre en pierre. Avec cette impression de ne jamais vraiment jouir de rien. La vie moderne...
Ce matin, au sommet du stack de Cnoc na Mara, nous nous asseyons jambes pendantes dans l'air laiteux. Le soleil plaque ses clartés sur la mer. Le silence colle au monde. Pas une ride sur la flanelle. Pas un phoque à la nage.
Du Lac parle de nos ascensions, au pilier du Frêney, dans la face nord des Grandes Jorasses, sur l'arête intégrale de Peuterey. L'alpinisme est une activité qui sert à alimenter les conversations pendant qu'on la pratique.
Ces dernières années, nos échappées contredisaient la chronique de mon sort annoncé par les médecins, après ma chute d'un toit. À l'hôpital,

sur un lit de pitié, on me l'avait prédit : je devrai renoncer aux falaises.

Pendant les années qui suivirent ma sortie, du Lac s'était employé à me conduire en des parages où l'homme n'a rien à faire et moi-même moins qu'un autre. Les capacités de mon compagnon compensaient mes inaptitudes. Je m'aventurais sur ces faces pour me prouver que j'étais en vie. La mort, elle, est sans danger.

En montagne, je parle de Proust à du Lac. Il me trouve snob. En réalité, l'association d'idées est logique.

Le génie de *La Recherche* n'aurait pas psychiquement supporté de grimper les montagnes. Proust défaillait d'émotion devant un épi d'asperge « finement pignoché de mauve et d'azur ». Comment un système sensitif pathologique aurait-il été capable d'absorber la vision des lignes de fuite d'un couloir de quatre cents mètres où roule l'avalanche dans les vapeurs de l'aurore ? On n'expose pas un mimosa pudique aux visions du *Purgatoire* de Dante.

L'alpiniste ne peut pénétrer dans les cathédrales de la mort et du vide avec un ampérage trop sensible. Proustien, il exploserait. D'où parfois le sentiment que les montagnards sont des butors, ne sachant rien retirer de leurs incursions magiques. Revenant des sommets, ils trouvent moyen de parler d'eux, ces fats ! Mais s'ils avaient la faculté de faire naître des univers en trempant une madeleine dans le thé, ces athlètes succomberaient instantanément. Ils seraient terrassés par l'intensité des sensations, comme le héros du conte oriental en découvrant le nom de Dieu.

Les heures filent comme la crème sur le stack de Cnoc na Mara. Un cigare gonflé à l'iode celtique fait partir une heure en fumée. Une autre heure passe à surveiller l'horizon. Une autre encore à somnoler en équilibre sur une fesse. Beaucoup de mouettes, debout sur les écueils, n'ont pas l'air plus pressées que nous de quitter les lieux. Il faudrait écrire une *jouissance du monolithe*. Le petit Côme d'Italo Calvino ne contredirait pas. Il gagna les frondaisons afin d'échapper à l'ordre des adultes. Dans les arbres, il protégea l'esprit de l'enfance, devint le baron perché. Se percher : beau programme de vie.

Le stack offre une certitude rassurante : il y a dans ce monde des pointes épargnées. Les plus furieux *aménageurs du territoire* ne sauront les atteindre. Aucune administration n'y plantera un panonceau. Ils en rêveraient, les bureaucrates : « Interdiction de parler aux oiseaux et de monter plus haut. »

En bas de tous les stacks : flux, flot, fluctuation. En haut, douceur des mondes intouchés, calme des mausolées. C'est une paix morbide mais c'est la paix. Tout juste faudra-t-il préférer le regret de s'en aller au danger de se lasser.

Sous nos pieds, cent mètres de vide. Sous nos corps, cent mètres de grès. Dans mon cœur, cinquante-deux ans de sentiments.

Qu'est-ce que l'homme sinon la bibliothèque de sa propre personne ou, pour le dire moins complaisamment, un tas ?

« Notre corps n'est pas autre chose qu'un édifice d'âmes multiples », écrit Nietzsche dans *Par-delà le bien et le mal.*

La vie empile. Après la naissance, commence la lente superposition des jours. Quel dépôt ! Heureusement, nous n'avons pas idée de l'épaisseur accumulée. On serait écœuré par cette génoise de souvenirs et de rêves qui finit, couche après couche, par s'appeler l'existence.

Je me souviens d'une photographie du professeur Dumézil prise par Marc Gantier dans son bureau. D'invraisemblables colonnes d'archives montaient jusqu'au plafond. L'homme se tenait bras croisés dans sa nef dont on sentait l'écroulement imminent. La vie ressemble aux piles de Dumézil. L'homme est son propre stratigraphe. Et la mouette qui se pose au sommet de ces tours du hasard et de la rétention n'est que notre conscience, heureuse de se camper sur une sédimentation qu'elle prend pour

LES PILIERS DE LA MER

un donjon. Elle s'en croit propriétaire. Il ne s'agit que d'un pauvre perchoir pour oiseau perdu dans les rafales.
La vie est un stack. L'homme, son oiseau de passage. Un jour, tout s'écroule.

Vingt-deux

L'utilité de l'absence

« Quel homme mérite le nom de stack ? » Avec la technique du pitonnage des lames d'acier dans la roche détritique et la méthode d'appontage d'un canot sur un écueil, c'est un de nos sujets préférés. Nous en parlons sans cesse. Au bivouac du soir, en nageant vers le stack et quand roulent les cailloux sous nos pieds, dans les aubes bleues de Grèce. Nous en parlons encore dans les cottages néo-zélandais à moquette mauve. Nous en parlons toujours à la table des pubs écossais où des frites imbibées de mayonnaise achèvent de fondre sur les tables de bois sans que nous osions toucher à ces choses.
 J'accable mes compagnons de mes typologies. Pour bien grimper un stack, il faut être agile comme le crabe, adhésif comme le bulot, souple comme l'algue, déterminé comme la pluie. Du Lac répond à ces caractéristiques.
 Mais pour *être* un stack, les qualités requises sont

différentes. Il faut se sentir suffisamment désespéré pour vouloir s'écarter mais se savoir suffisamment vivant pour pouvoir le faire. Subtil mariage que celui du pessimisme et de l'énergie. La mélancolie active est une disposition rare.
Dans l'Histoire, des figures se sont cachées pour pleurer. Un matin, au nord de l'Irlande, nous nommons « les Sœurs Brontë » un stack bicéphale de quarante mètres dont nous escaladons l'une après l'autre les deux pointes disjointes par une échancrure (cinquième degré, bon rocher). La tristesse pousse à la réclusion. La jeunesse le permet.
Pour la classification anthropologique des hommes-stacks, du Lac avance des noms d'alpinistes. Il cite Hermann Buhl et sa course suicidaire (dont il revint) sur l'arête sommitale du Nanga Parbat en 1953. Je le connais, ce genre de types prêts à tout pour échapper à la vie rabougrie. Ils mettent le refus du monde dans l'alpinisme. Ils voudraient mourir dans le Blanc. Ils ne l'avouent jamais. Ils ne sont pas ulyssiens : plutôt crever dans les congères que faire la vaisselle chez Pénélope ! Ce sont des stacks en marche.
Je propose des écrivains. Je prends Baudelaire pour un stack. Il oppose la morbidité privée à la folie publique. Flaubert aussi : le temps se fracasse contre son bureau où il polit une phrase par semaine. Retrait pour la beauté d'une page.

— Hugo ? dit du Lac.
— Je ne crois pas, dis-je. Exilé, il rêve de revenir dans un monde qu'il aura contribué à changer. Le stack est sans retour.
— Dans ce cas, Baudelaire et Flaubert n'en sont point non plus. Ils écrivent pour être lus. Le stack veut l'oubli.
— Tu as raison.

Nous gravissons notre centième stack dans le déchiquètement de la côte des Shetland. À cent six, un peu plus tard, aux îles Féroé, il sera temps de revenir chez nous et du Lac me dira, dans le canot de récupération : « Heureusement que nous rentrons demain, parce que nous allions nous tuer. »
Le centième, c'est un donjon de soixante-dix mètres, une tour de granit aux reflets fauves coiffée d'un toupet d'herbes froides. Le soir, nous fêtons ce passage de la centaine dans un pub du littoral, vieil établissement de 1900 à la décoration « wagon-lit ». Mes amis boivent des bières noires qui sentent le pain mouillé. Dans l'escalier de bois, un vitrail coloré représente un knörr viking naviguant entre les stacks. Déjà, nous approchons des portes nordiques. On entend encore le crin-crin d'un violon.

Notre définition se dessine. Tout stack meurt au monde. Sans retour ni réclame. « Non réconcilié », comme disent certains Antillais de la Mémoire blessée. L'homme-stack ne saurait désirer la gloire. Ni revenir à terre. Sa devise tient en deux mots : silence et oubli. Ajoutons-y beauté.

Le rebelle de la forêt de Sherwood rêve de renverser l'ordre.

Le philosophe allemand se place par-delà le bien et le mal mais promet de pilonner les idoles au marteau.

Le prisonnier du château d'If s'évade pour se venger.

Le dissident russe, exilé sur le continent d'en face, attend dans la forêt que les conditions atmosphériques lui permettent de rentrer dans sa steppe.

Robin des Bois, Nietzsche, Monte-Cristo et Soljenitsyne ne sont pas des stacks. Ils ont des buts. Ils s'écartent du groupe mais agissent sur lui. À distance et souterrainement, certes, mais consciemment et sans relâche. Ils visent un objectif. Leur isolement n'est pas une catégorie de l'être mais un état provisoire. Parfois même, c'est une étape préparatoire avant l'assaut final.

Le stack, lui, n'attend pas son heure.

Pour Kafka, c'est différent. Incompris, il décrit l'obsolescence de l'homme, le système comme broyeuse. Il meurt résigné, à peine publié. Il ne cherche pas à abattre le moloch. Il se contente de le peindre, écœuré. En cela, lui est plus stack que les autres. Le dégoût est un moteur de vie parmi d'autres.

— Il faut donc être inutile pour être un homme-stack, dit du Lac.

— Oui, ne pas peser, dis-je.

— C'est triste, dit-il.

— C'est noble, dis-je.

— Qui est un homme-stack ?

— Presque personne, je dois l'avouer.

Car sans le vouloir ni le savoir, le stack change le monde. Il se croit isolé, il rayonne. Il se veut inutile, il inspire. Il se pense oublié, il s'inscrit. Son retrait vaut discours. Son absence parle. L'ermite le plus radical influe sur ses semblables laissés si loin de lui.

Dans la Chine antique, des moines gagnaient la montagne. Ils s'éteignaient comme une flamme de bougie à épuisement de la cire. On avait fait un genre littéraire de leurs productions : « les poèmes de la cabane ». Les vers d'Han Shan (VIIe siècle) plaisaient à Kerouac :

plus aucune pensée fugace ne s'accroche au cœur oisif, sur un rocher j'inscris des poèmes...

Peut-être l'ermite de la montagne a-t-il, sur une société dont il se désarrime, la même influence que les éléphants des *Racines du ciel* de Romain Gary. Dans le roman, le prisonnier d'un baraquement raconte à ses compagnons la course des pachydermes. L'image regonfle le cœur des détenus. Ainsi du poète chinois. Utilité des inutiles : leur existence console. Voilà pourquoi personne n'est homme-stack. Fuyant ses semblables, il s'infiltre en leurs consciences, leurs mémoires. Se séparant des corps, il vient peupler les cœurs.

Quel viatique pour nous de savoir un homme, là-haut, occupé à tremper son pinceau dans l'encre. Quelle joie de voir une tour dressée, là-bas, devant le continent.

Imaginons cette prière : « Dans le désastre moderne, dis-moi que l'un d'entre nous boit du vin dans la cabane. » Ajoutons : « Dis-moi qu'un stack tient encore debout. » Un seul suffit.

– Tesson, dit du Lac, tu te rends compte que mon métier est de guider les autres vers l'inutile ?
– Bravo, dis-je.
– Pourquoi grimpons-nous le stack ?
– Révérence, oblation, célébration.
– Que dit le stack ?
– Il ne parle pas, il refuse. Nuance.
– Ce qui doit arriver arrive.
– Oui, dis-je. Par exemple, les machines détruiront les hommes.
– Les vagues détruisent les rochers.
– Oui.
– Ce n'est pas grave s'il en reste un ou deux.

– Voilà.

On rêve aux éléphants. On pense au poète chinois. On part au stack.

Le cœur ralentit, on ferme les yeux. On se souvient d'Héraclite : « Un seul homme en vaut dix mille s'il est meilleur. »

Pendant ce temps, le *show must go on*. La masse s'augmente. La technique étend le règne. L'intelligence s'artificialise. L'esprit recule. La côte aussi. Le béton gagne. Les vagues continuent.

Peu importe. Il y a des miettes. Ce sont elles qu'il faut aimer. Sur la côte, regardez les piliers ! Ils vibrent.

Ils ne nous attendent pas. On ira peut-être. Ils sont là. Ils ne sont pas tombés.

À qui appartiennent-ils ? À eux-mêmes. La mer palpite à leur pied. La beauté les nimbe.

Calmons-nous.

Il y a des stacks.

Tout va bien.

Gratitudes

à :

Jean-Sébastien Decaux (Terre &Fils),
Pierre-Alexis Dumas,
Lionel Habasque et Éric Balian (Terres d'aventure),

et à :

Sylvain Fauth et Édouard Amouroux (Blacksheep Van),
Paul Petzl,
Garance Primat,
Frederik Vandermarliere.

Enfin, à Jean-Christophe Buisson et à Cyril Drouhet pour l'aide à l'appel de l'Aiguille creuse.

Table

Un. L'aiguille en plein cœur 11
Deux. Le recul de la côte 17
Trois. Le repli de l'être 25
Quatre. Les tours mythologiques 33
Cinq. Le domaine des dieux 41
Six. Le stack du bout des terres 49
Sept. La séparation des hommes 59
Huit. La conduite des opérations 67
Neuf. La trace dans le non-lieu 93
Dix. La très vive oscillation 101
Onze. Le biotope de la liberté 109
Douze. La conquête du monde (du pauvre)... 115
Treize. La fuite hors de l'immonde 123

Quatorze. La joie de nommer.................... 133
Quinze. Les stacks selon le cœur................... 149
Seize. La chute, la peur, l'échec................... 159
Dix-sept. La nuit sur l'Acropole................... 171
Dix-huit. Les obélisques de la beauté.............. 181
Dix-neuf. Le principe de distinction............... 185
Vingt. La morale des petits stacks................ 189
Vingt et un. Le stack comme expérience
 intérieure.. 199
Vingt-deux. L'utilité de l'absence................ 205

Gratitudes 212

DU MÊME AUTEUR

Aux Éditions Albin Michel

Livres illustrés

D'OMBRE ET DE POUSSIÈRE : LES SOLDATS FRANÇAIS EN AFGHANISTAN, avec les photographies de Thomas Goisque, 2013.

EN AVANT, CALME ET FOU : UNE ESTHÉTIQUE DE LA BÉCANE, avec les photographies de Thomas Goisque, 2017.

NOIR, TEXTES ET DESSINS, 2022.

Aux Éditions Gallimard

UNE VIE À COUCHER DEHORS, 2009 (Folio n° 5142), Goncourt de la nouvelle 2009 et prix de la Nouvelle de l'Académie française 2009.

DANS LES FORÊTS DE SIBÉRIE, 2011 (Folio n° 5586), prix Médicis essai 2011.

S'ABANDONNER À VIVRE, 2014 (Folio n° 5948).

SUR LES CHEMINS NOIRS, 2016 (Folio n° 6597).

LA PANTHÈRE DES NEIGES, 2019 (Folio n° 6968), prix Renaudot 2019.

BLANC, 2022 (Folio n° 7400).

Livres illustrés

HAUTE TENSION : DES CHASSEURS ALPINS EN AFGHANISTAN, avec les photographies de Thomas Goisque et les illustrations de Bertrand de Miollis, 2009 (Hors-série Connaissance).

BEREZINA, avec les photographies de Thomas Goisque, 2016.

Aux Éditions des Équateurs

PETIT TRAITÉ SUR L'IMMENSITÉ DU MONDE, 2005 (Pocket, 2008).

ÉLOGE DE L'ÉNERGIE VAGABONDE, 2007 (Pocket, 2009).

APHORISMES SOUS LA LUNE ET AUTRES PENSÉES SAUVAGES, 2008 (Pocket, 2013).

APHORISMES DANS LES HERBES ET AUTRES PROPOS DE LA NUIT, 2011 (Pocket, 2014).

GÉOGRAPHIE DE L'INSTANT, 2012 (Pocket, 2014).

UNE TRÈS LÉGÈRE OSCILLATION : JOURNAL 2014-2017, 2017 (Pocket, 2018).

UN ÉTÉ AVEC HOMÈRE, 2018 (Prix Audiberti).

UN ÉTÉ AVEC RIMBAUD, 2020.

AVEC LES FÉES, 2024 (prix Combourg-Chateaubriand).

Chez d'autres éditeurs

ON A ROULÉ SUR LA TERRE, avec Alexandre Poussin, Robert Laffont, 1996 (Pocket, 2008).

LA MARCHE DANS LE CIEL, avec Alexandre Poussin, Robert Laffont, 1996 (Pocket, 2006).

LA CHEVAUCHÉE DES STEPPES, avec Priscilla Telmon, Robert Laffont, 2001 (Pocket, 2013).

L'AXE DU LOUP, Robert Laffont, 2004 (Pocket, 2007).

VÉRIFICATION DE LA PORTE OPPOSÉE, Phébus, 2010 (Libretto n° 312).

CIEL MON MOUJIK ! : ET SI VOUS PARLIEZ RUSSE SANS LE SAVOIR ?, Seuil, « Le goût des mots », 2014 (Points, 2018).

BEREZINA, Guérin, 2015 (Folio n° 6105), prix des Hussards et prix littéraire de l'Armée de Terre – Erwan Bergot 2015, élu « Meilleur Récit de voyage 2015 » par le magazine *Lire*.

Livres illustrés

SOUS L'ÉTOILE DE LA LIBERTÉ, avec les photographies de Thomas Goisque, Arthaud, 2005 (J'ai lu, 2021).

L'OR NOIR DES STEPPES, avec les photographies de Thomas Goisque, Arthaud, 2007 (J'ai lu, 2021).

Retrouvez toute l'actualité des éditions Albin Michel
sur notre site albin-michel.fr
et suivez-nous sur les réseaux sociaux.
Instagram : editionsalbinmichel
Facebook : Éditions Albin Michel
X : AlbinMichel
YouTube : Editions Albin Michel

Composition : Nord Compo
Impression : Normandie Roto Impression s.a.s.
Éditions Albin Michel
22, rue Huyghens, 75014 Paris
www.albin-michel.fr
ISBN : 978-2-226-49132-9
N° d'édition : 25799/01 – N° d'impression : 2406320
Dépôt légal : avril 2025
Imprimé en France

ILES FÉROÉ
• Heygadrangur
• Drangarnir
• Risin og Kellingin
SHETLAND
• Drongs 1, 2, 3
• Lyra's Kerry
• Spindle
• Maiden
• Gordi
• Harry's Pound
• The runk
• Point of Quida
Papa Stours
ORCADES
• North Gaulton Castle
• Old Man of Hoy
• Yesnaby
WICK
• Monte-Cristo
• Old Wick Castle
• Sinclair Castle
Prospero
Bobby Sands
ARRANMORE
Stacs
Sœurs Brontë
Croc na Mara
DONEGAL
Komitas (Dun Briste)
Brendan (An Branán Mór)
Shane Lonk (Devil's castle)
GLE
Cuchulainn
Poney sauvage
ILE DE SKYE
• Le Marcelle Sauvageot
• L'Emily Dickinson
Old Man of Storr
CAPE WRATH
• Le Victor Hugo (Am Buachaille)
• A'Chailleach
• Am Bodach
• Thormaid
• Geodha Brat
ÉCOSSE
IRLANDE
GALLES
SOUTH DEVON
• Le Milady
DORSET
• Le Old Harry
• Le Falstaff
ETRETAT
EUROPE
BELLE-ILE
• Le Claude Monet
• Le Sarah Bernhardt
FRANCE
ESPAGNE
CALANQUES
ITALIE
Pan di Zucchero
SAN PIETRO
• Le Mallarmé
• Le Ornella Muti
CAPRI
• Le Malaparte
• Le Brigitte Bardot
STROMBOLI
• L'Ingrid Bergman
ACI TREZZA
• La Madone
LIPARI
• Le Frédéric II
• Le Claudia Cardinale
FILICUDI
• La Canna
• Le Giafante
ZAKYNTHOS
• L'Ulysse
• Le Pénélope
• Le Jason
• Le Loukas Carrer
• Le Mgr Chrysostomos
• Le Médée
…iers de la mer
…ravis en Europe)
500 km
N

CANADA
Terre-Neuve
(Bona Vista)
- Le Jean Cabot
- L'Enfant-Jésus
- Le Lotus XVI
- Le Leif Erikson
- L'Iroquois
Iles de la Madeleine
- Le Madeleine
- Le Champlain
- Le Baudelaire
- L'Acadien
Açores
- Le Pessoa
EUROPE
RUSSIE
Océan Pacifique
MEXIQUE
Cabo San Lucas
- Le Stella Maris
- Le Steinbeck
Océan Atlantique
AFRIQUE
PHILIPPINES
- Le Vendredi (Palawan)
- Le Mishima (Palawan)
- Le Thomas More (Samar)
- Le Baron perché (Samar)
- Le Mata Hari (Samar)
- Le Ernst Junger (Samar)
VIETNAM
Baie de Lan Ha
- Le Pierre Loti
- Le Lao Tseu
- La Tonkinoise
- Le Crabe-Tambour
- Le Bouddha abandonné
- Le Syméon
- Le Bigeard
UA POU
(Marquises)
4500 kms
- L'Atanua
- Le Toa Enana
- Le Motu Takaae
- Le Jacques Brel
Ile de Pâques
3700 kms
- Le Blaise Pascal
- L'homme-oiseau
CHILI
Terre de Feu
CAP HORN
- Le Yamana
AFRIQUE DU SUD
- Le Senghor (cathedral Rock)
- Le Joséphine Baker
(Hole in the wall)
AUSTRALIE
TASMANIE
- Totem pole
- Le Raoul
- Le Moaï
- Le Cinge
NOUVELLE ZÉLANDE
- L'île Catherine
- L'Ithaque
- L'Olga
- Le Bounty
N
2000 km
Les Piliers de la mer
(stacks gravis autour du monde)

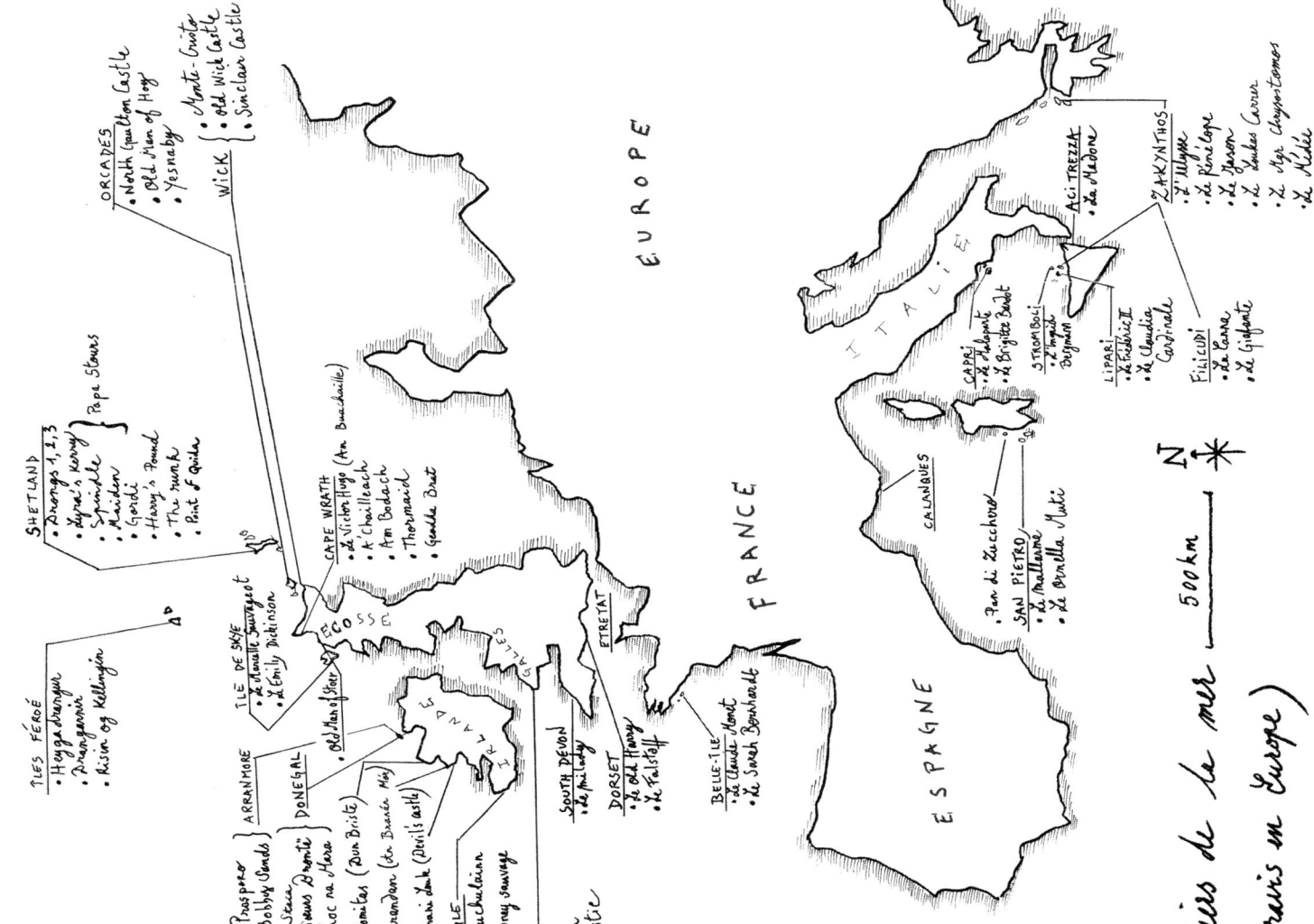

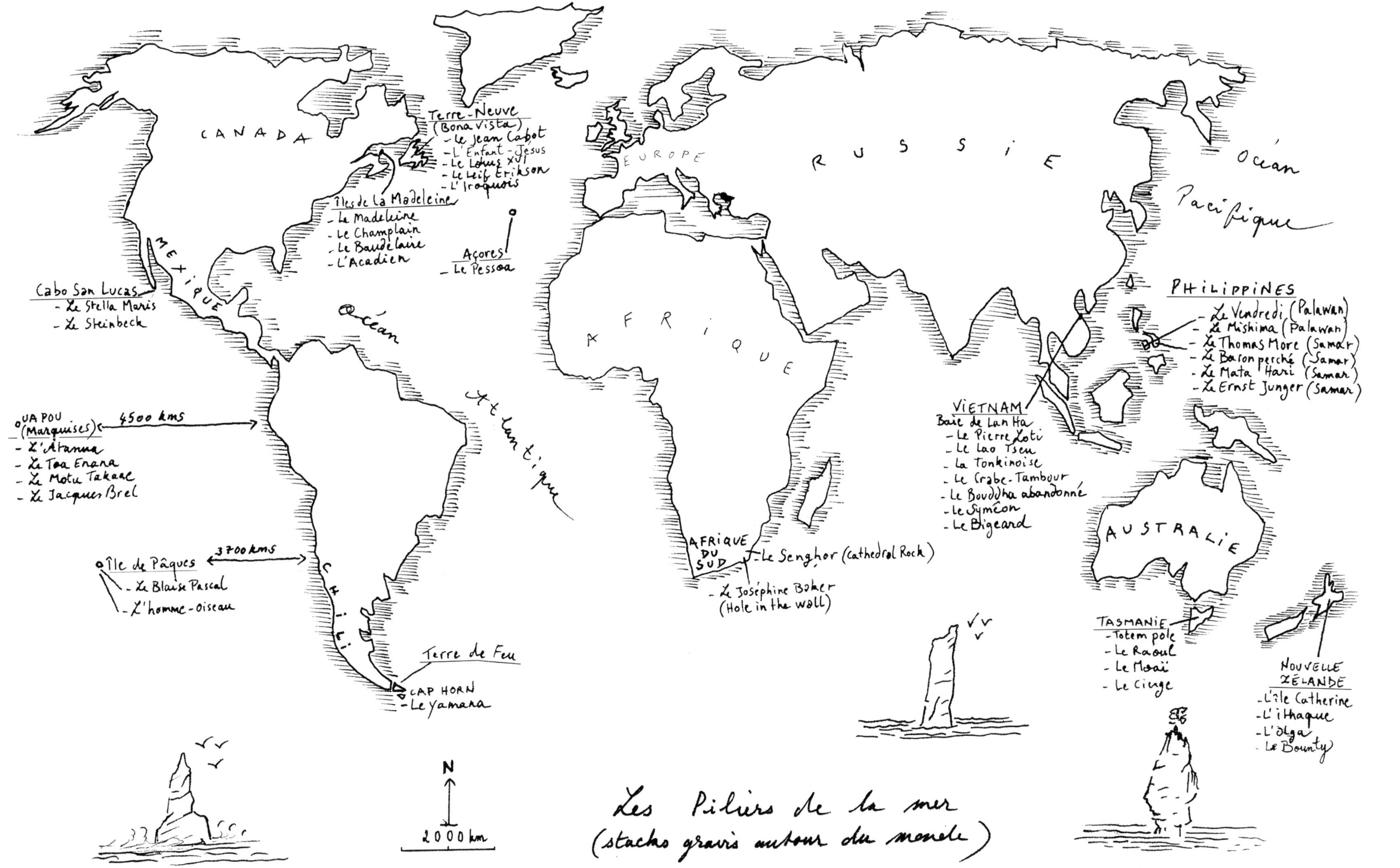